生命保険マーケティング

消費者行動論アプローチ

株式会社ニッセイ基礎研究所 准主任研究員
井上智紀

前書き

　本格的な人口減少社会を迎えた我が国において、生命保険各社は、マーケットの縮小と保障ニーズの変化という構造的な変化にさらされている。また、永らく生命保険の販売チャネルとして圧倒的な存在感を誇ってきた営業職員チャネルが、共働き世帯の増加に伴う日中在宅率の低下や、情報漏洩に対する危機意識の高まりを背景とした職域における募集活動の制限を背景として、消費者との接点を失いつつあるなか、インターネット専業の生命保険会社に代表されるダイレクトチャネルや複数の保険会社の保険を取り扱う来店型店舗などの新しいチャネルが登場するなど、生命保険業界ではこの10年ほどの間に急速にチャネルの多様化が進んでいる。一方、情報技術の発達と一般消費者へのインターネットの普及は、売り手と買い手との間にあった圧倒的な情報の非対称性を急速に解消しつつあり、かつていわれてきたように「生命保険は弱需要財であり、消費者はプッシュ型のチャネルによりニーズ喚起されなければ生命保険の必要性を認識することはない」といった状況ではもはやなく、自ら保障の必要性を認識し、主体的に検討し、購入意思決定する消費者が増えているようにも思われる。

　生命保険業界が、このような消費者側の変化に対応していくためには、まず、消費者の生命保険への加入検討行動の実態およびその背景にある意識について理解を深めることが求められる。本書は、このような問題意識のもと、保険の業界紙である「保険情報」に2009年3月から2013年10月まで、全33回にわたって連載してきた内容を再構成したものである 。

　第1部では、消費者が生命保険商品の購入にあたってとる一連の行動および意思決定プロセスに焦点をあて、一般の財・サービスの購買プロセスを示すフレームワークに沿って消費者の行動および意識の詳細を示した。第1部の各章では、購買プロセスの諸段階における具体的な行動や意識について解説しているが、購買プロセス全体を俯瞰し、総括する章は設けていない。総括することにより却って消費者の多様性に対する認識を歪めることが危惧されたためである。購買プロセスの全体像については、第1部を通読するなかで捉えていただ

きたい。

　また、第2部では、消費者間の異質性に焦点をあて、様々な軸により細分化した消費者セグメントごとの特徴を示している。前述のとおり消費者は多様であり、また、一口に「生命保険」といっても、遺族保障を目的とした商品と医療保障や老後保障を目的とした商品とでは、商品性や代替可能な他の準備手段など、購入意思決定に際して考慮しうる要素は異なっている。このような消費者間の、あるいは商品種類間の、相違点や類似点を明らかにすることにより、第1部に示す消費者の生命保険購買プロセスに対する理解を深める一助とすることが期待されよう。

　連載当時からは消費者を取り巻く環境や、消費者自身が変化していることもあり、掲載してきた各種統計数値については、可能な限り最新の結果に差し替えるとともに、表現についても大幅に見直しを図った。また、連載時には紙幅の都合上、省略していた統計もすべて掲載した。なお、特に断りのない限り、本書の分析には、筆者が属するニッセイ基礎研究所が2013年1月に実施した定量調査（20～69歳の男女個人〔日経リサーチ社登録パネル〕を対象としたインターネット調査。有効サンプル数は5309サンプル〔うち生命保険加入者：4021サンプル〕）の個票データを用いている。また、本文中に引用している消費者の発言は、いずれも2005年以降にニッセイ基礎研究所が実施してきた定量調査（フォーカス・グループ・インタビュー、パーソナル・インタビュー）により得られたものである。

　本書が読者諸兄にとって、消費者に対する理解を深める機会となるとともに、生命保険業界と消費者との良好な関係構築の一助となれば望外の喜びである。

2015年10月

井上　智紀

目次

前書き ……2

第1部
生命保険の加入検討プロセス ……7

第1章　加入検討プロセスの捉え方 ……8

1．消費者の購買プロセスの変化 ……8
2．生命保険における消費者行動の変化 ……9

第2章　認知段階のプロセス ……12

1．生命保険業界の定説 ……12
2．保険を「買いに来る」消費者 ……12
3．消費者行動論における消費者購買行動プロセス ……14
4．求められるのは「ニーズ喚起」ではなく「不安の傾聴」 ……15
5．加入検討のきっかけは ……16
6．「検索」以降のプロセスへの影響 ……18

第3章　感情段階の検索プロセス ……21

1．外部情報探索のタイミング ……21
2．情報源の利用動向 ……23
3．求められる外部情報探索行動の実態と背景への理解 ……26
4．情報源としてのインターネット ……26
5．求められる知識武装を図る消費者への対応 ……34
6．消費者が加入検討時に探索する情報の内容 ……34

第4章　感情段階の比較・検討プロセス ……42

1．消費者の比較行動の実態 ……42
2．比較行動を支える要因の所在 ……45
3．消費者の納得感 ……47
4．比較・検討の対象・範囲 ……53

第5章　行動段階の購買プロセス ……59

1．保険商品選択における価格（保険料）の重要性 ……59
2．消費者の商品理解の状況と保障の必要性・価格妥当性の納得度 ……64
3．行動（Action）段階における意思決定 ……71
4．望まれる人的チャネル像とは ……76

第6章　行動段階の共有プロセス ……82

1．顧客満足度とロイヤルティ ……82
2．「不満」の原因 ……89
3．生命保険に関する共有（Share）の状況 ……95
4．アフターフォローはどれくらい重要か ……104

第2部
消費者セグメントと加入検討プロセス ……113

第1章　生命保険の加入状況と消費者異質性 ……114

1．消費者の加入検討プロセスの変化 ……114
2．消費者セグメントと加入検討行動 ……115
3．生命保険加入の状況 ……117

第2章 デモグラフィック属性に基づくセグメンテーション ……132

1．若年層の生命保険加入状況 ……132
2．「保障中核層」の保障ニーズ ……145
3．暮らし向きと加入意向 ……153

第3章 消費者の保険リテラシーと加入検討行動 ……165

1．保険リテラシーの形成要因 ……165
2．保険リテラシーと加入検討行動 ……174
3．保険リテラシーとチャネル選択・満足度 ……178
4．生命保険会社のブランドと加入行動 ……183

第4章 商品・チャネルによる加入検討行動の差異 ……189

1．「医療保険不要論」の検証 ……190
2．医療保険加入者の加入検討行動 ……198
3．個人年金保険加入者の加入検討行動 ……208
4．店舗チャネル（来店型店舗）を利用する消費者 ……215

主要参考文献 ……227

第1部

生命保険の加入検討プロセス

第1章　加入検討プロセスの捉え方

1．消費者の購買プロセスの変化

　近年、社会経済環境の変化や、主としてインターネットの普及に代表される情報環境の変化に伴い、消費者行動には大きな変化がみられるようになっている。一般の財・サービスの購買行動に関する国内の研究では実際に、購買プロセスにおける情報の役割が変化しているとして、消費者の主体的な情報探索や購買後の情報共有の概念を取り込んだAISAS[®]やAISCEASなどのフレームワーク[1]が提唱[2]され、これらに沿った実証研究の蓄積も進みつつある。このような消費者の購買プロセスについては、AIDMAに代表される伝統的なフレームワークがあるが、このうち、AISAS[®]は、商品やサービスに関する情報に注意（Attention）を払い、興味（Interest）を抱いた商品・サービスについて、購入したいという願望（Desire）を持つのではなく、興味を持ったらその場で検索（Search）して購入する、というものである〈図表1 -1〉。また、AISCEASは購入（Action）の前に情報探索（Search）によって得られた商品やサービスに関する情報を比較（Comparison）し、購入に値するものか検討（Examination）するプロセスがあるとするものであり、AISAS[®]よりも購買プロセスを詳細に捉えようとしたものとなっている。

1　このほか、近年にはAIDEESやSIPSなどのフレームワークも提唱されているが、これら両フレームワークには、情報探索（Search）のプロセスが明示されていないことから、ここでは割愛している。

2　AISASは電通、AISCEASはアンヴィコミュニケーションズ社が、それぞれ提唱したもの。

<図表1-1　AIDMAとAISAS®、AISCEASの法則>

AIDMAの法則

| Attention 注意 | Interest 興味 | Desire 願望 | Memory 記憶 | Action 購買 |

AISAS®の法則

| Attention 注意 | Interest 興味 | Search 情報探索 | Action 購買 | Share 情報共有 |

AISAS®の法則

| Attention 注意 | Interest 興味 | Search 情報探索 | Comparison 比較 | Examination 検討 | Desire 願望 | Memory 記憶 | Action 購買 | Share 情報共有 |

出所：電通S.P.A.Tチーム編（2007）「買いたい空気のつくり方」
「アンヴィコミュニケーションズスア社Webサイト」より作成

　これらは、広告戦略、すなわち、企業が消費者に対して適切なタイミングで情報を伝えていくうえで、必要となる媒体やメッセージ等の検討に資することを主な目的として、提唱された消費者理解のためのフレームワークであり、実際に、注意（Attention）を1）認知段階、興味（Interest）、情報探索（Search）、比較（Comparison）、検討（Examination）を2）感情段階、購買（Action）、情報共有（Share）を3）行動段階と三つの段階[3]に分け、それぞれの段階において消費者に接触するメディアやメッセージの内容、KPIを変えるべき、という指摘もなされている。

2. 生命保険における消費者行動の変化

　一般の財・サービスを対象とした購買行動では、消費者は様々な情報を探索し、比較・検討を経て購入し、身近な人と、あるいはインターネットを介して、購入した財・サービスや提供元について情報共有するようになっている。

　近年の社会経済環境・情報環境のなかで、消費者は生命保険をどのようなプロセスを経て購入しているのだろうか。

3　興味（Interest）は1）認知段階に含めたほうがよい、とする指摘もある。

生命保険は、家族構成や所得・資産の状況などにより、顧客ごとに望ましい保障内容や保障額は異なり、給付の要件も会社により異なる場合がある。そのため消費者が保険商品の内容を十分理解し、自ら比較・検討して購入すべき商品を選択するには多くの困難を伴う。また、実際に購入しても、すべての消費者が保険金・給付金を受け取れるわけではなく、保険金・給付金を受け取る際にも、実際の受け取りまで数十年と、長い時間を要したり、死亡保険のように受取人と契約者が異なる場合があるなど、購入した生命保険についての良し悪しに関する評価を他者と共有することも困難であるように思われる。

しかし、筆者らが過去に実施した生命保険に関するフォーカス・グループ・インタビューでは、生命保険加入を検討するにあたって「既契約の更新時期に雑誌で当たったＦＰの無料相談で外資系の保険を勧められ、保険比較サイトで数社比較した」「Yahoo!で『生命保険』で検索して出てきた会社のホームページを"お気に入り"に追加して何日かかけて見ていった。加入例などをみて、どの会社のどんな保険がいいか、まず予備知識を得ようと思った」という発言も聞かれている。これらの発言からもわかるように、保険の加入検討行動においても消費者は自分で調べて判断を試み、知識を身につけようという行動をみせるようになっている。消費者が保険加入に至るプロセスではこのように、比較サイトを利用して会社間で比較したり、個々の会社のウェブサイトを見比べたりと、やはり「情報探索」や「評価」のプロセスを経て加入する商品や会社を決定しているように見受けられる。先に述べたような、一般の財・サービスにおける購買行動の変化は、生命保険においても起こっていると考えられよう。AISCEASの法則に従えば生命保険の加入プロセスは、ライフイベントや営業職員等売り手からの働きかけを通じてニーズが喚起（A・I）され、インターネットやパンフレット、設計書などから情報を収集（S）、比較・検討（C・E）して契約（A）するとともに、会社や職員の対応、商品内容等について家族や友人・知人に向け口コミを発信（S）する、といったプロセスをたどるものと整理できる。

第１部では、消費者の購買プロセスに関する様々なフレームワークが提唱されるなか、購買プロセスを最も細分化して捉えているAISCEASの法則に準じて、

加入プロセスの諸段階における消費者の具体的な行動や意識についてみていく。

第2章　認知段階のプロセス

1．生命保険業界の定説

「『死亡』などという縁起の悪いことは考えたくない」「保険（特に生保）は弱需要財であり、ニーズ喚起をしなければ売れない」———これらは、生保業界に身をおく方ならよく知る「業界の定説」といっていいものではないだろうか。長年、このようにいわれ続けており、筆者も何度も耳にしたフレーズではあるが、一方で最近は、生前葬、生前墓、遺言書の作成など、自身の「死」もしくは「死後」について事前に考え、準備しておく人もいる。また、後述のとおり、口コミは消費者が生命保険への加入を検討するひとつのきっかけにもなっている。このように、生保商品とも関わりの深い「病気」や「死」について話題とすることをタブー視する傾向はずいぶん薄れているといえそうだ。また、自分の死後に備えたい、というニーズに応える商品やサービスも、自筆証書遺言の作成をサポートする「遺言書セット」や、終末期医療や介護の方針、葬儀や墓に関する希望、保険や財産に関する情報を書き留めておく「エンディングノート」が販売されるなど、珍しいものではなくなりつつあるように思われる。

はたして、「保険は弱需要財であり、ニーズ喚起をしなければ売れない」という業界の定説は今でも通用するものなのだろうか。

2．保険を「買いに来る」消費者

近年、「来店型店舗」や「銀行窓販」、「インターネット（直販）」など、生保チャネルは多様化が進展している。「銀行窓販」については、銀行の店頭だけでなく外回りの渉外担当者が販売している例もあるが、「来店型店舗」も「インターネット（直販）」も消費者が自ら足を運んだり、ウェブサイトを閲覧する必要があり、営業職員や代理店といった伝統的に生命保険会社が展開してきたプッシュ型の人的チャネルとは決定的に異なる。

このようなチャネル多様化の背景には、在宅率の低下や職域のセキュリティ強化に伴う、人的チャネルとの接触率低下への生命保険会社側の危機感が背景にあると思われるが、先にあげた定説通りなら、加入後の手続は別として、消費者は「来店型店舗」や「インターネットの生保サイト」には近づかないということにならないだろうか。

　来店型店舗は、複数の保険会社が相乗りしている代理店による複数の保険会社の商品を取り扱うショップや、生命保険会社が開設する自社商品のみを取り扱うショップなど、ここ数年出店が相次いでいる。これら来店型店舗の認知度は、ニッセイ基礎研究所が2013年1月に実施した調査では62%と6割を超えている。しかし直近加入時の利用経験者は生保加入者のうち5%、2011年以降に加入した者でも12%にとどまっている〈図表2-1〉。一方でこのような「来店型店舗」の認知者のうち、利用意向がある者の割合は25%と4分の1を占めていることから、来店型店舗が今後、生命保険の主要な加入チャネルの一角を占める規模に成長する可能性は十分あるものと思われる。

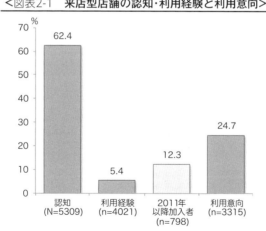

＜図表2-1　来店型店舗の認知・利用経験と利用意向＞

　他方、「インターネットの生保サイト」、特に2008年創業のネット専業生保2社については、2014年3月期決算時点での保有契約件数でそれぞれ20.3万件、5.3千件と、2009年から2014年の5年間で個社の成長という点では明暗がわか

れる結果となっている。両社と契約に至った消費者に、検討途中で脱落し、最終的に成約に至らなかった分も含めると、自らインターネットを通じた保険加入を検討した消費者はこの数倍はいるものと考えられる。近年はやや成長のスピードが鈍化しつつあるように見受けられるが、既存の生保会社の中にはインターネット上での販売を開始する会社も現れてきている。インターネットはその利便性や保険料の安さを背景として、販売チャネルとして、少しずつ定着していくものと思われる。

このように、少なくとも現在では、かつての定説は通用しなくなりつつある。「保険」は必ずしも弱需要財ではなく、ニーズを喚起せずとも自ら保険を「買いに行く」消費者が、決して少なくないボリュームで存在しているということができるだろう。

3．消費者行動論における消費者購買行動プロセス

前節でも示したように、既に消費者の一定の層は、営業職員や代理店の訪問・勧誘を待つことなく、自ら生保商品を求めて店舗やインターネットサイトに向かっており、こうした傾向はさらに強まっていくように思われる。

今後消費者は、営業職員や代理店チャネルからではなく、来店型店舗やインターネットの生保サイトから直接、加入するようになっていくのだろうか。

1980年代以降の一般的なマーケティング理論のなかでは、消費者の行動を情報処理プロセスとして捉え研究を深めてきた（消費者情報処理モデル）。これらの研究の蓄積は、消費者理解につながる多くの知見をもたらしたが、実際の消費者の行動をみると、ある商品ではカタログやパンフレットを見比べたり、実際に店頭で手に取ったりと自ら情報を集め、検討する消費者が、別の商品では、店頭でたまたま見かけた新商品を衝動的に購入するなど、同じ消費者でも、対象となる商品への関心や知識の程度、シチュエーションの違いによって購入に至るプロセスは異なっている。消費者は、商品やサービスに関心を持てば自ら情報を集め検討するなど、購入に向けて主体的に行動するのである。

前節でもみたように、消費者は、自分や家族のライフイベントに際して、また、

友人・知人との口コミを契機に関心が高まると、自ら「保険」について情報を集め、加入や見直しの検討を進める傾向にあり、生保関連のウェブサイトは、その利便性の高さから多くの消費者が加入検討に利用するようになっている。しかし、過去に筆者らが実施したフォーカス・グループ・インタビューのなかでは、いったんはインターネットで検索して見るものの「ネットは自分で考えないとわからない」「ネットは自分が見るものではないと思った」などと感じて営業職員を頼る、という行動がみられていた。インターネット上の膨大な情報は消費者側に理解するための基礎的な知識や情報処理能力を求めるため、インターネット上の情報のみで加入を決めることができるのは、ある程度知識を持った層や情報処理能力の高い層など特定の層に限られるといえそうである。一方、普段の買い物等の途中でも立ち寄れる来店型店舗は、その利便性から手軽な情報収集手段として普及していく可能性は高く、店頭で「人」が介在する分、インターネット上の情報だけでは意志決定できない消費者を取り込むことも考えられる。個々の消費者が実際にどのチャネルを利用するかは、消費者自身の知識レベルに即して理解しやすい情報が得られ、不安の解消に役立つチャネルか、ということが大きな要素となっているものと考えられる。チャネルの種類に拘わらず共通するのは、消費者自身のニーズや、その背景にある不安を具体的な商品に結びつけるための支援といえる。

4．求められるのは「ニーズ喚起」ではなく「不安の傾聴」

　第2節で示したように近年は、消費者の「『死亡』などという縁起の悪いことは考えたくない」といった意識はかなり薄れてきている。消費者は"保険"を口コミの話題にあげており、生保加入にあたって「なんとなく必要性は感じていた」「社会人になったら入るものだと思っていた」など日頃から必要性は認識している。

　生保加入を考え始めた消費者がどのチャネルを利用するかは、消費者個々の知識量や情報処理能力、「人」を介したいと思うか否かによって異なるものの、売り手側に求められるのは消費者のニーズを「喚起」することではなく、生保

加入ニーズの背景にある不安に耳を傾け、不安を軽減する上で適切な手段（解決策）を提供することではないだろうか。

次節では、第1章で示したAISCEASの法則が示す購買プロセスのうち、認知段階にあたる注意（Attention）、興味（Interest）に焦点をあて、消費者の動向を確認するとともに、情報探索（Search）以降のプロセスに影響する要因を明らかにする。

5．加入検討のきっかけは

生保加入に向けたニーズが喚起され、検討を始めたきっかけについてニッセイ基礎研究所が2013年1月に実施した定量調査の結果をみると、「営業職員の勧誘」「なんとなく」がともに13％で最も多く、次いで「就職・転職」（11％）、「生活設計・家計の見直し」「結婚」（ともに10％）となっている〈図表2-2〉。

これらのきっかけを種類別にまとめると、「ライフイベント」が39％で最も多く、「生活設計・家計見直し」（17％）、「勧誘」（16％）、「口コミ」（14％）、「CM、DM」（12％）までが1割台と、生保会社や営業職員からの働きかけ以上に、自身のライフイベントや生活設計がきっかけとなっていることがわかる。

これを性別にみると、男性では「ライフイベント」が、女性では「口コミ」「収入増」が、それぞれ女性（男性）に比べ高くなっている〈図表2-3〉。また、年齢層別にみると、20～30歳代では「ライフイベント」が半数を超えて高く、高齢層ほど「勧誘」「CM、DM」「収入増」が高い。

<図表2-2 加入のきっかけ>

N=4021

項目	%
《ライフイベント》	39.0
就職・転職	10.8
結婚	9.8
出産	9.1
《生活設計・家計見直し》	17.4
生活設計・家計の見直し	10.1
公的年金への不安	5.6
《勧誘》	16.2
営業職員の勧誘	13.3
《口コミ》	14.3
身近な人の勧め	9.1
《なんとなく》	12.7
《CM、DM》	11.7
DMや折込チラシ・広告	5.0
《収入増》	9.2
保険の満期	6.7

※5%未満の項目は非表示

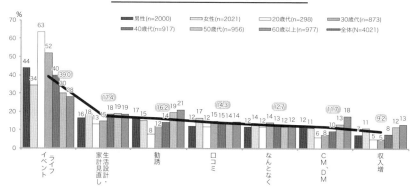

<図表2-3 加入のきっかけ(属性別)>

5. 加入検討のきっかけは　　17

6.「検索」以降のプロセスへの影響

　定量調査から加入する商品を決めるまでを「保障の必要性検討」「会社・商品の検索」「商品内容・負担額検討」「会社・商品の比較検討」の４つのプロセスとして示し、行った行動を聞いた結果を加入検討のきっかけ別にみると、ライフイベントがきっかけだった層では「保障の必要性検討」「会社・商品の検索」「会社・商品の比較検討」の３つのプロセスで、全体よりも高くなっている〈図表2-4〉。

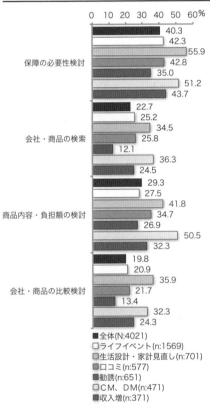

＜図表2-4　直近加入時の検討プロセス＞

一方、勧誘されたことがきっかけだった層では、「商品内容・負担額の検討」プロセスでは全体の実施率と変わらないものの、その他の３つのプロセスでは全体を下回り、このような行動はほとんどとられていないことがわかる。

また、「生活設計・家計見直し」および「ＣＭ、ＤＭ等」がきっかけだった層ではすべてのプロセスで全体を上回っており、検討段階すべてにわたって主体的に行動しているようである。

フォーカス・グループ・インタビューのなかでも、

- 「たまたま勤務先に営業職員の人が来て、話を聞いてみた。同僚にも加入を勧められたし、お金がボーナスとして多く戻ってくる『貯金タイプ』がいいと希望を出して、加入した」（25歳男性）
- 「頼んでもいないのに勝手にライフプランを作ってきて、『社会人になったら友達も入ったし、入るものなのか』と思い、そのプランをよく見ないで加入してしまった」（29歳男性）

といった発言がみられているように、「勧誘」や「口コミ」がきっかけとなったケースでは商品の内容や保険料負担についてはある程度考慮するものの、保障の必要性や、代替案となる会社や商品を主体的に調べたり比較したりといった行動はとられていない。

また、ライフイベントや生活設計、ＣＭ、ＤＭ等がきっかけとなったケースでは、

- 「女性雑誌で今は昔より女性特有の病気が増えているというのを見た。派遣先で勧誘がまったくなかったので、ネットなどで資料請求して４社くらい比較して加入を決めた」（28歳女性）
- 「子どもが生まれたのをきっかけとしてＦＰに１万円で相談して比較・検討したうえで加入した」（38歳男性）

のように、資料請求やＦＰへの相談など主体的に加入先、商品を選択している様がみてとれる。

一方で、「勧誘」や「口コミ」がきっかけとなったケースでも、

- 「友人が『入院費がかかると保険が下りるし、切って痛くて、精神的にもダメージが大きいので個室がよい』と言っていたので、いろいろな会

社のサイトを検索して資料請求した」(33歳女性)

- 「満期寸前に営業職員が提案書を持ってきたが、もっと安いのに変えてみようと思い、インターネットで調べていくつか資料請求して加入した」(33歳女性)

など、自ら情報を集めて判断しようという人も見受けられる。

定量調査の結果から加入検討に利用した情報源についてみても、ＣＭ、ＤＭ等がきっかけだった層を除くすべての層で「営業職員」が最も多く、生活設計・家計見直しがきっかけだった層では「ＦＰ」が、口コミがきっかけだった層では「家族・親戚、友人・知人の話」が、その他の層では「自ら保険会社に請求した資料」が続く。「保険会社に請求した資料」は生活設計・家計見直しや口コミがきっかけだった層でも３番目に多く利用されており、検討のきっかけによって情報の入手先が大きく異なるわけではないようである〈図表2-5〉。

<図表2-5　直近加入検討時の情報源>

	N	営業職員	保険会社に請求した資料	生命保険の比較サイト	家族、友人等の話	折込広告やチラシ	保険会社のサイト	TVCM	DM	FP	勤務先の配布・回覧
全体	2537	27.4	17.4	15.0	12.5	10.2	10.0	9.6	9.1	8.6	7.6
ライフイベント	999	30.5	16.1	15.0	14.7	7.7	9.9	11.4	7.5	8.5	9.2
口コミ	380	31.3	24.2	14.2	25.3	11.1	11.8	11.1	10.8	8.2	5.0
勧誘	343	64.1	14.3	7.3	12.2	5.2	6.1	8.2	11.1	4.4	6.4
ＣＭ、ＤＭ	389	14.7	24.2	17.7	9.3	28.8	14.4	18.0	22.4	4.4	17.2
収入増	263	30.4	24.0	16.0	8.7	7.2	12.5	7.6	10.3	6.8	5.7
生活設計・家計見直し	579	25.0	22.1	19.3	9.7	10.4	12.1	8.8	9.8	22.3	6.6

一方で、先にあげた定性調査での発言からは、加入検討のプロセスを主体的に進めてきたかどうかで、その後の満足度や継続意向が異なることが推察される。アプローチから成約までのプロセスにおいて、顧客に「主体的に検討した」と感じていただけているか、改めて振り返ってみることも必要といえるだろう。

第3章　感情段階の検索プロセス

　本章では、消費者の生命保険加入プロセスの次の段階として、探索（Search）段階に焦点をあてる。

　消費者行動理論において情報探索は、消費者自身の過去の経験や知識を探索する「内部情報探索」と、内部情報探索では不足している情報を様々な情報源を用いて探索する「外部情報探索」に分けられているが、AISCEASの法則における「探索（Search）」はこのうち外部情報探索として位置づけられるものである。生保加入を検討する消費者は、①どのようなタイミングで、②どこから情報を探索しているのだろうか。

1．外部情報探索のタイミング

　まず、どのようなタイミングで消費者が外部情報探索を行うかを紹介するために、加入者が直近加入検討時に取った行動を再度確認しておこう。

　ニッセイ基礎研究所が実施した定量調査から生保加入者の直近加入時に行った行動について、「a.保障の必要性検討」「b.会社・商品の検索」「c.商品内容・負担額検討」「d.会社・商品の比較検討」の4つのプロセスを示した結果をみると、全体では、「必要性検討」が40％と高く、次いで「商品内容・負担額検討」（29％）、「会社・商品探索」（23％）と続き、「会社・商品の比較検討」は約2割となっている〈図表3-1〉。これを直近加入の時期別にみると、いずれの行動でも実施率はおおむね増加傾向にあり、2011年以降加入者の実施率を1997以前の加入者と比較すると、特に「会社・商品の検索」「会社・商品の比較検討」では2.5〜3倍に増加していることがわかる。これら4つの行動の組み合わせについてみると、全体では「必要性検討のみ（a）」が22％で最も多く、次いで「商品内容・負担額の検討のみ（c）」（10％）、「4つすべて（abcd）」（9％）の順に多くなっている〈図表3-2〉。4つの行動すべてを行った者は全体の1割程度に留まるが、直近加入時期別にみると、2008年〜2010年で11％、2011以降で

は15％と近年増加傾向にあることがわかる。このような状況は、加入した商品種類別にみても大きな違いはなく、「会社・商品の検索（b）」や「会社・商品の比較検討（d）」は、加入者全体のうち第三分野では実施率がやや多くなっているものの、2011年以降の加入者に限定すると商品種類別の差異はみられなくなっている。消費者の生保加入検討行動においても、「会社・商品の探索」や「会社・商品の比較検討」は一般的な行動となりつつあるといえるだろう。

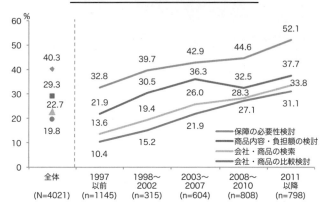

<図表3-1　直近加入検討時の行動>

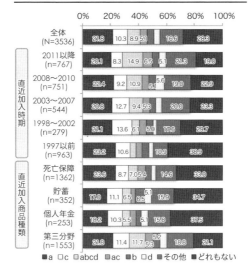

<図表3-2　直近加入検討時の行動（組合せ）>

2．情報源の利用動向

　こうした加入検討行動のなかで消費者は、どのような情報源から情報を得ているのだろうか。生命保険加入者が直近加入検討時の外部情報探索に用いた情報源についてみると、全体では「営業職員」が最も多く、「自ら請求した資料」「生命保険の比較サイト」が続く〈図表3-3〉。これを加入時期別にみると、「比較サイト」「保険会社のサイト」は、全体では1割前後となっているものの、利用率は増加傾向を示している。フォーカス・グループ・インタビューの中で聞かれた発言からも、

- 「加入例などを見て、どの会社のどんな保険がいいか、まず予備知識を得ようと思い、『生命保険』でヤフー検索、出てきた会社のホームページを見ていった」（37歳男性）
- 「全く知識がなかったし、知っている営業の人もいなかったので、漠然と保険はどうなのか、まずはホームページを調べてみた」（36歳男性）
- 「まずネットで保険の比較サイトを見た。会社のHPもいくつか見たが

詳しく出てなかった」(51歳男性)のように、加入を思い立った後、予備知識を得るなど検討初期の段階から比較サイトや生命保険会社の公式サイトを情報探索に用いていることがわかる。

加入検討時の行動ごとに利用した情報源をみると、保障の必要性検討および商品内容・負担額の検討時には「営業職員」「自ら請求した資料」「生命保険の比較サイト」が上位を占めているのに対し、会社・商品の検索、会社・商品の比較検討時には、「自ら請求した資料」「生命保険の比較サイト」「営業職員」の順となっている〈図表3-4〉。利用率を比較すると、保障の必要性検討および商品内容・負担額の検討時では会社・商品の検索、会社・商品の比較検討時に比べ「営業職員」が高く、会社・商品の検索、会社・商品の比較検討時では「自ら請求した資料」「生命保険の比較サイト」「保険会社のサイト」「マネー情報サイト」「生命保険の口コミサイト・掲示版」で保障の必要性検討、商品内容・負担額の検討時に比べ高い。また、会社・商品の比較検討時では全体に比べ「ＦＰ」も高いなど、検討行動の段階によって利用される情報源は異なっている。

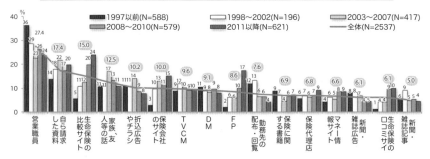

<図表3-3　加入検討時の情報源(全体の利用率５％以上の項目のみ)>

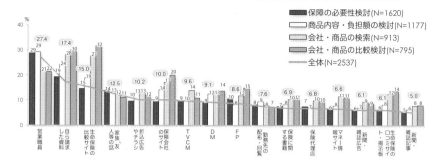

<図表3-4 加入検討時の情報源（全体の利用率5％以上の項目のみ）>

　加入者が利用した情報源の種類数をみると、1997年以前加入者の平均1.61種類から、2011年以降では2.14種類と利用する情報源が増えている〈図表3-5〉。これを加入検討時の行動別にみると、保障の必要性検討では平均1.93種類の情報源を、商品内容・負担額検討では2.19種類の情報源を、会社・商品の検索では2.56種類の情報源を、会社・商品の比較検討では2.65種類の情報源をそれぞれ用いている。加入時期別にみると、会社・商品の比較検討を除いて、1998

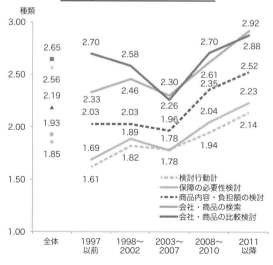

<図表3-5 情報源の種類数>

2．情報源の利用動向　　25

年以降、利用する情報源の種類数が増加する傾向にある。特に、商品内容・負担額検討では1998年〜2002年が平均2.03種類であるのに対し、2011年以降では2.52種類と、約1.2倍に増加している。

3. 求められる外部情報探索行動の実態と背景への理解

このように、消費者は加入を検討する際、保障の必要性や商品の内容・負担額について検討するだけでなく、会社や商品について自ら調べ、比較するようになっている。また、その際利用する情報源についても、営業職員や資料といった売り手側から発信される情報のほか、多くの生命保険会社や商品を一括比較できる比較サイトや保険会社のサイト、身近な家族、友人等の話など多様な情報源が活用されるようになっている。また、近年では、検討プロセスにより口コミサイト・掲示板なども利用されるようになりつつある様が確認された。

このように、消費者は近年、外部情報探索に多様な情報源を、それぞれの目的に応じて利用するようになっている。これらの情報源は、消費者により、また、目的により、多様な用いられ方をしているものと考えられる。情報探索する消費者に適切な情報を届け、自社商品の販売につなげていくためには、個々の情報源の利用のタイミングや利用目的、情報探索行動の背景にある心理など、消費者の外部情報探索行動について、より一層の深い理解が求められる。

次節では、徐々に存在感を増し、近年では生命保険の情報源としても一般的になりつつあるインターネット情報源に焦点をあて、外部情報探索にインターネットを利用する者の特徴や背景について確認する。

4. 情報源としてのインターネット

総務省の「平成23年通信利用動向調査」によれば、国内のインターネット利用率は各世代とも年々高まっており、2013年では全体で74％に達している〈図表3-6〉。年齢階層別にみても、60歳未満の層では8割以上、60歳代でも6割前後と、利用率は高く、60歳代以下の日本人にとって、インターネットは

日常的な情報源として定着してきているといえるだろう[4]。

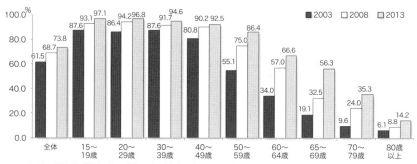

<図表3-6　インターネット利用率>

出所：総務省「通信利用動向調査（各年版）」より作成
注：2003年の15～19歳は「13～19歳」の結果である

　このような環境のなか、一般のモノやサービスを購入する際、インターネットを使った情報収集や商品・サービス間の比較は、決して珍しいことではなくなっている。一方で、生命保険の加入検討時については、前節で触れたとおり最も利用率が高い「生命保険の比較サイト」でも、全体では15％程度、2011年以降に加入した人に限定しても24％と、まだまだ誰もが利用する情報源とはなっていないようである〈前掲図表3-3〉。しかし、社会全体においてインターネットの利用が日常的なものとなってきていること、直近加入時期別では、徐々に利用率があがってきていることなどから、今後はさらに、加入検討段階においてインターネットを利用する消費者が増えることが予想される。

　このように、生命保険の加入検討時の情報源としてインターネットを利用する消費者には、どのような特徴があるのだろうか。本節では、ニッセイ基礎研究所が実施した定量調査の結果から、2011年以降に何らかの生命保険に加入した人に限定し、加入検討時のインターネット利用者の特徴について、確認しておく。

---

[4]「平成25年通信利用動向調査」では50歳代以上の利用率がさらに上昇しており、60歳代では７割前後、70歳代でも半数近くに達している。

4-1. 属性面の特徴

　はじめに、直近の加入検討時の情報源としてインターネットを利用した割合をみると、全体では25％となっている〈図表3-7〉。直近加入時期別にみると、2011年以降では37％と、全体に比べ10ポイント以上高いことから、生命保険の情報源としてインターネットは確実に利用者を広げていることが読み取れる。これを属性別にみると、性別では差はみられず、年齢階層別ではインターネット利用率と同様、若年層ほど高くなっている。また、職業別ではほとんど差はみられないものの、2011年以降では公務員でやや高く、商品類型別では第三分野でやや高くなっている。

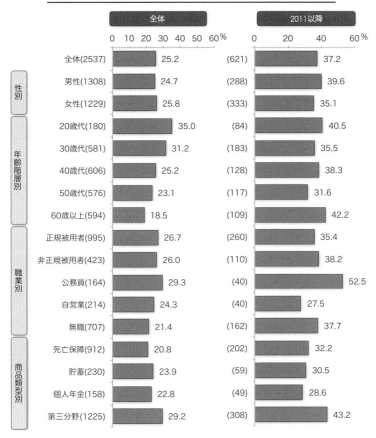

<図表3-7　加入検討時のインターネット情報源利用率>

4．情報源としてのインターネット

4-2. 意識面の特徴

　生命保険に関する知識の程度[5]別にみると、インターネット情報源の利用者は「高知識」が46％と非利用者（41％）に比べ相対的に高く、加入時期別では非利用者でも「高知識」の割合が増加傾向にあるものの、「高知識」の割合は一貫して利用者のほうが高くなっている〈図表3-8〉。加入検討時にインターネット情報源の利用者は、非利用者に比べ相対的に高い知識水準にある。生命保険の加入に関する考え方についても、「特徴を比較してから加入する」（利用者：84％、非利用者：65％）、「同じような内容なら一番安い保険を徹底的に探す」（利用者：59％、非利用者：41％）、「加入先は目的に応じて使い分ける」（利用者：63％、非利用者：52％）などでは、インターネット情報源の利用有無で10ポイント以上と、大きな差異があることがわかる〈図表3-9〉。一方で、「いざというとき質問できる詳しい知人がいる」、「名の通った会社に加入する」「売れ筋や人気のある保険に加入する」では非利用者との差がほとんどなく、「保険商品や会社に詳しい人に尋ねて加入する」や「複数の会社とつきあうのはめんどう」では僅かながら非加入者のほうが高くなっている。インターネット情報源の利用者は、人に頼ったり、売れ筋や会社の知名度などに左右されることなく、商品の特徴や評判を見比べながら、コストパフォーマンス重視で商品を選択しようという意識がより強いことがわかる。

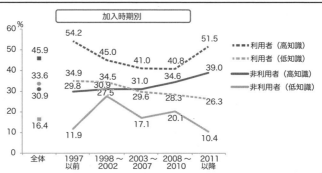

＜図表3-8　生命保険に関する知識の程度とインターネット情報源の利用状況＞

---

[5] 生命保険に関する事柄を18項目あげ、知っている程度を5段階の尺度でたずねた結果を単純合計した上で3区分し、生命保険に関する知識の自己評価としたもの。生命保険加入者全体では「低知識」31％、「中知識」36％、「高知識」33％と、概ね等分に区分・作成したものである。

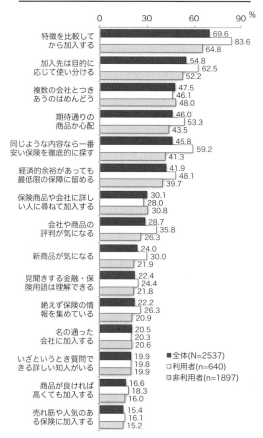

<図表3-9 生命保険の加入に関する考え方>

実際に、過去に実施したフォーカス・グループ・インタビュー中にみられた発言では、

- 「全く知識がなかったので、まずはＣＭなどで見て知っている会社をネットで検索してＨＰを見た」(36歳男性)
- 「どの会社のどんな保険がいいか、まず予備知識を得ようと思い、『生命保険』で検索した結果を何日かかけてじっくり見ていった」(37歳男性)
- 「自分に何かあったとき子どもに遺せるように保険に入ろうと思い立ち、インターネットで『保険』と検索、検索結果のなかからピックアップし

て調べた」(47歳女性)
- 「まずネットの保険の比較サイトで、3～4社比べてみて大まかな知識を得た」(51歳男性)

というように、インターネットは比較や(予備)知識の獲得を目的として検討の早い段階から利用しているとの声も聞かれている。インターネット利用者は、加入にあたって、インターネットを含めた様々な情報源を活用して慎重に検討を進めているといえるだろう。

ただし、検討段階の情報源としてインターネットを利用しているからといって、加入手続きまでインターネット上で完結させているわけではなく、インターネット情報源利用者の加入チャネルでは「インターネット」が最も多くなっているものの26％に留まり、「営業職員」が24％で続いている〈図表3-10〉。「郵送」や「コールセンター」などをあわせても、非対面型のチャネルは4割程度であることから、現状では、検討時のインターネット利用者は情報入手先の一つとしてインターネットを使い、慎重に検討するものの、実際の加入手続きにあたっては、多くの人が「営業職員」に代表される対面型のチャネルを頼っていることがわかる。

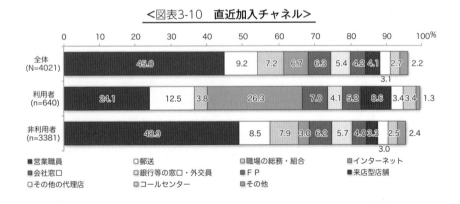

<図表3-10　直近加入チャネル>

4-3. ネットで情報収集する背景

前述のインタビューでも、加入検討の際インターネットを利用した人の多くは、検索結果をもとにいろいろと比較するなどして検討したものの、それに

よって十分理解するには至らず、コールセンターに電話したり、営業職員に説明を求めたりしたと回答していた。では、なぜ彼らは初めから営業職員を頼ろうとしないのだろうか。定量調査より営業職員に対するイメージについて尋ねた結果をみると、インターネット情報源の利用者は「押し付けがましい」や「自分の利益になる保険しか売ろうとしない」「加入後は熱心さが薄れる」といったネガティブな印象に関する項目で、非利用者に比べ高くなっている〈図表3-11〉。一方、「納得いくまで説明してくれる」や「客の立場で考えてくれる」「まかせておけば間違いない」については、インターネットの利用の有無による差はみられない。消費者が加入を検討する際、インターネットを利用する背景の一つには、このような営業職員に対する強固なネガティブイメージがあり、そうした虚像としての営業職員への対抗手段として理論武装を図ろうとしているともいえるのではないだろうか。

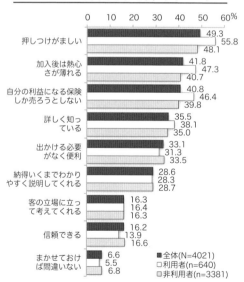

<図表3-11　営業職員に対するイメージ>

これらイメージの多くは、誤解に基づくところもあると思われるものの、日々の営業活動においては、自ら理論武装を図る消費者に対し、真摯に向き合い、彼らの理解不足な点を丁寧な説明で埋めていくなど、一つずつ信頼関係を構築

していく地道な努力が求められる。

5．求められる知識武装を図る消費者への対応

このように、消費者は多様な情報源を活用して知識武装を図っている。中でも、口コミサイト・掲示版といった、売り手側からは情報の内容やタイミング等のコントロールが困難な情報源を中心として、真偽の定かでない情報や断片的な情報などが流布されている場合もあるだろう。このことは、誤った知識に基づいて保険の検討を進めてしまう消費者を産んでいる可能性があることを意味している。消費者に正確な知識に基づいた検討をしてもらうためには、口コミで交わされている内容や比較サイトなど社外の情報源でどのような情報が発信されているのかについて、随時確認しておく必要があるのではないだろうか。また、このような情報・通信環境の変化に伴う消費者行動の変化は、プロモーションや消費者コミュニケーションが、経営戦略上かつてないほどの重要な課題となりつつあることを表しているともいえるのではないだろうか。

6．消費者が加入検討時に探索する情報の内容

前節までに示してきたように、多くの消費者は加入の検討にあたって様々な情報源を用いて情報を集めている。そのなかで消費者は、それぞれの情報源から、どのような情報を集め、検討の参考にしているのだろうか。以降では、消費者が探索した情報の内容に焦点をあて、消費者が用いている情報源と探索した情報の内容、および情報内容と購入した商品への満足度との関係について確認する。

6-1.消費者が探索する情報の内容

ニッセイ基礎研究所が2012年3月に実施した調査のなかで消費者が探索した情報の内容について、①保険の仕組みや必要性などの一般的な情報（一般的な情報）、②商品の内容や価格に関する情報（商品情報）、③売れ筋の商品やお

勧めに関する情報（売れ筋情報）、④経営状態や健全性に関する情報（経営情報）、⑤会社の評判に関する情報（会社の評判）、⑥営業職員の振る舞いなどの評判（チャネル情報）の６項目をあげ、直近の加入検討時に探索した情報の内容について尋ねたところ、全体では「商品情報」が75％で最も多く、次いで「一般的な情報」（59％）、「売れ筋情報」（17％）、「経営情報」（16％）の順となっている〈図表3-12〉。これを性別にみると、女性で「商品情報」が78％と男性（72％）に比べ高く、年齢階層別では若年層ほど「一般的な情報」、「売れ筋情報」が高くなる傾向がみられる。また、商品種類別では個人年金で「商品情報」が、第三分野で「商品情報」がそれぞれ高いなど、消費者の属性や加入した商品によっても探索した情報には差がみられている。一方、直近加入時期別にみると、最近の加入者ほど「売れ筋情報」が高くなる傾向にあり、直近２年以内の加入者では「商品情報」が、３～５年以内の加入者では「経営情報」が、それぞれ全体に比べ高いなど、加入時期によっても、探索する情報の内容には差があることがわかる（ただし、「会社の評判」や「チャネル情報」のように、加入時期によらずあまり探索されていない情報もあるようだ）。

　なお、加入したチャネル別にみると、主体的に検討を進める必要があるインターネットでは「一般的な情報」と「チャネル情報」を除く４種類の情報すべてで全体に比べ高くなっている〈図表3-13〉。その他のチャネルでは保険代理店で「一般的な情報」が、郵送、インターネットといった直販チャネルやＦＰで「商品情報」が、来店型保険ショップやＦＰ、インターネットで「売れ筋情報」が、それぞれ高い。

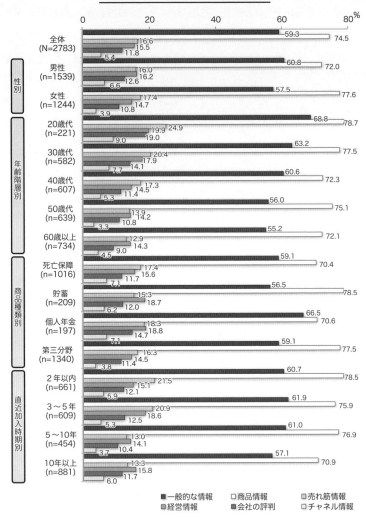
<図表3-12 探索した情報内容>

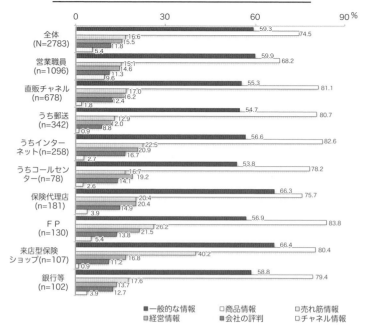

<図表3-13　探索した情報内容（加入チャネル別）>

　一方、生命保険に関する知識の程度別に探索した情報の内容をみると、「チャネル情報」を除く5種類の情報は、おおむね高知識層ほど高くなっており、特に「一般的な情報」や「商品情報」、「経営情報」では低知識層に比べ10ポイント以上高くなっている〈図表3-14〉。

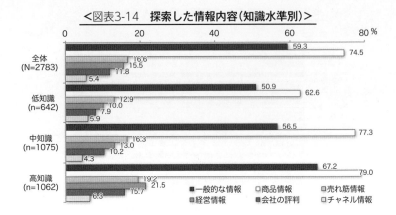

　加入検討段階でも、既に一定水準以上の知識がなければ経営情報まで考慮することはないと思われるものの、検討にあたり一般的な情報や商品情報を幅広く探索することは、消費者の保険知識を深め、探索した情報への理解を深めるうえで有効に機能しているものと考えられよう。

6-2. 情報源と情報の内容

　こうした情報を消費者はどのような情報源から探索しているのだろうか。加入検討時に利用した情報源の種類別にみると、保険会社のサイトや請求した資料などの自社媒体では「一般的な情報」や「商品情報」、「経営情報」が、マネー情報サイトや保険に関する書籍、新聞・雑誌記事、口コミサイトといった、保険会社以外の情報源では「一般的な情報」のほか、「売れ筋情報」、「会社の評判」が、それぞれ多くなっている〈図表3-15〉。

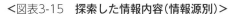

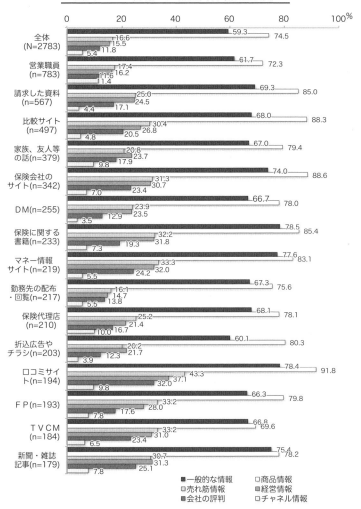

さらに、他社商品との比較実施者に限定して比較・検討の観点の別に探索した情報の内容をみると、保険金額ではすべての情報で、商品内容や保険料では「チャネル情報」を除く5種類の情報すべてで全体に比べ高い〈図表3-16〉。また、会社の経営状況では「商品情報」を除く5種類の情報すべてで高く、特に「経営情報」では68％と他の観点に比べ突出して高くなっているなど、比較・

検討の観点によっても、探索する情報の内容には差異があることがわかる。

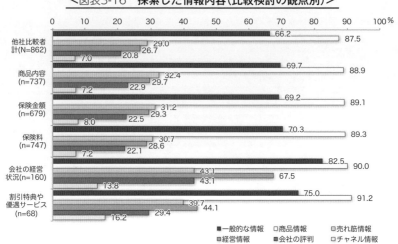

<図表3-16　探索した情報内容（比較検討の観点別）>

6-3.探索する情報の内容と満足度・ロイヤルティ

　このように、消費者の属性や加入した商品種類、加入の時期、比較検討の観点により消費者が探索する情報は異なっているが、消費者が探索した情報の内容は、購入した商品への満足度、ロイヤルティにどのような影響を与えるのだろうか。探索した情報の内容別に満足度についてみると、会社の評判や、経営情報、売れ筋情報、一般的な情報で「満足」が高い。また、探索した情報の種類数でみると、満足計は4種類で84％と最も高く、3種類、5種類が8割台で続く〈図表3-17〉。ただし、「満足」に注目すると、探索した種類数が多いほど高くなっていることから、様々な情報に接することには、満足度を高める効果があると考えられる。また、ロイヤルティについて、継続意向、推奨意向の二つの観点からみると、継続意向は一般的な情報、商品情報、会社の評判で高く、推奨意向は売れ筋情報、経営情報、会社の評判で高い。また、探索した情報の種類数でみると、継続意向、推奨意向のいずれも、探索した情報の種類数が多いほど、高くなっている。

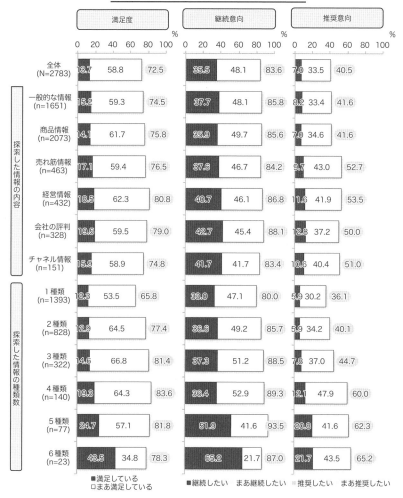

<図表3-17 満足度とロイヤルティ>

　これらのことから、満足度の向上やロイヤルティの獲得のためには、消費者に対し、会社やチャネルの評判を含めて幅広い情報の探索を促すとともに、探索した情報を正しく理解し、消化してもらえるような支援が必要といえるだろう。

6．消費者が加入検討時に探索する情報の内容

第4章　感情段階の比較・検討プロセス

　第4章では、消費者の生命保険加入プロセスの次の段階として、比較（Comparison）・検討（Examination）段階に焦点をあてる。

1．消費者の比較行動の実態

　前章でみてきたように、消費者は様々な情報源を利用して外部情報探索を行っている。こうした一連の情報探索行動を通じて、比較・検討に資する情報を得た消費者は、実際に加入する商品や会社を検討するにあたって、「比較」しているのだろうか。

　フォーカス・グループ・インタビューの結果から、加入検討時にとった行動についてみると、

- 「ネットでみてよさそうだと思ったところに資料請求して比べた」（37歳男性）
- 「ＦＰの無料相談を受けていろいろ教えてもらい、既契約がある会社とネットでみつけた会社や口コミで知った会社を比較サイトで調べた」（40歳男性）

のように、消費者は複数の会社に資料を請求したり、比較サイトを用いて、加入候補となる生保を比較しているようである。

　一方で、

- 「ポストに2、3回違うプランが入っていたので電話して営業職員に来てもらい、相談のうえ加入した」（56歳女性）

のように、複数の会社間で比較したりはせず、同じ職員（会社）から提示された複数のプラン間で比較の上加入する消費者もみられる。

　このように、生保加入前の比較では、同じ会社の複数の商品間で比較する場合と、複数の会社間で商品を比較検討する場合の二通りが考えられる。ニッセイ基礎研究所が実施した定量調査の結果から直近加入時の比較経験につい

てみると、全体では「比較あり」が35％、「比較なし」は57％となった〈図表
4-1〉。また、加入検討時に比較した人の中では、「同一社内の比較」が25％、「2
社以上の比較」が9％と「同一社内の比較」が多くなっている。これを直近
加入時期別にみると、「比較あり」は1997年以前が26％であったのに対して、
2011年以降では49％と、加入時期が新しいほど加入検討時に比較する人が多
くなっていることがわかる。比較の内容別では、「同一社内の比較」が一貫し
て2～3割で推移し、あまり変化していないのに対して、「2社以上の比較」
は1997年以前には5％に満たなかったものが、2011年以降では20％と、複数
の会社間での比較行動が徐々に増えているさまがみてとれる。

<図表4-1　直近加入検討時の比較の状況>

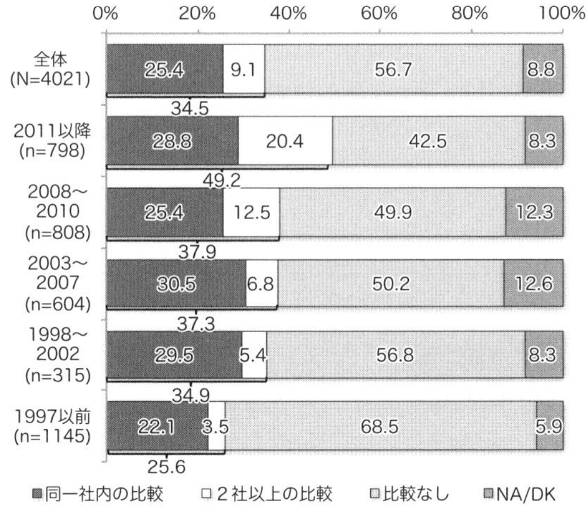

1．消費者の比較行動の実態　　43

比較経験者が実際に何社の会社を比較しているかについて、「２社以上の比較」経験者が実際に比較した会社数をみると、全体では「３社」が45％、「２社」が25％、平均では3.43社と、約７割が２～３社の間で比較していることがわかる〈図表4-2〉。これを直近加入時期別にみると、「４社以上」の割合は1998年～2002年の12％から2011年以降では34％と、比較会社数についても、加入時期が新しいほど多くなる傾向がみられている。また、「同一社内の比較」を１社として、加入時期別に比較会社数の平均値をみても、1997以前は1.28社、2003～2007が1.44社、2011以降は2.09社と、2011以降の加入者では平均して２社以上を比較した上で加入している。比較したい消費者にとって、生保商品の比較は、会社間での比較を意味するようになっているようである〈図表4-3〉。ただし〈図表4-1〉に示したように、加入検討時の「比較なし」は2011以降でも４割を占めており、「２社以上の比較」は２割にすぎない。生保加入の検討段階では、依然として会社間の比較行動は一般的とはいえない点には注意が必要である。

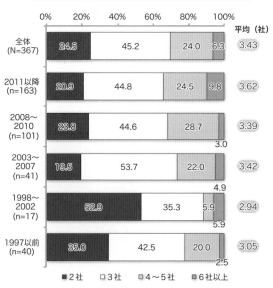

＜図表4-2　２社以上比較者の比較会社数＞

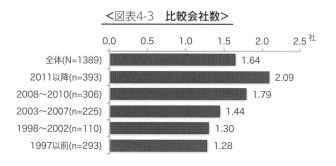

<図表4-3 比較会社数>

2. 比較行動を支える要因の所在

　現在のところ、消費者が、生保の加入検討段階で複数の会社を比較するのは主流とは言いがたいようである。ＡＩＳＣＥＡＳの法則を提唱したアンヴィコミュニケーションズ社の望野氏は、「ＡＩＳＣＥＡＳはごく一部の購買行動分析モデル」に過ぎず、「ＡＩＳＣＥＡＳという購買行動をとるのは、あくまでも『機能価値の高い商品やサービスだけ』」であると、同理論の限界について言及している。保険商品は、商品が自分に合いそうだとことで購買につながるファッションや飲料とは異なり、パンフレットや営業職員の説明を通じて商品が自分に合っているとことが加入につながるという点では、ＡＩＳＣＥＡＳ理論にあてはまる「機能価値の高い商品」であるといえる。インターネットの普及や、各社の情報公開の進展など、消費者が生保を比較するための環境はかつてないほどに整っているにも拘わらず、生保の加入プロセスにおいて会社間比較する消費者が劇的には増加していない背景には何があるのだろうか。

　商品の機能を比較して購入候補を絞り込んでいくためには、商品間の優劣を判断するための知識も必要となると考えられる。図表4-1にあげた直近加入時期別の比較経験を加入者の生保知識の程度別にみると、比較経験全体、2社以上の比較とも、加入時期にかかわらず、知識が高まるにつれて比較経験者の割合が多くなっている〈図表4-4〉。また、加入時期による差異に着目してみると、「比較あり」はおおむね知識水準にかかわらず、加入時期が新しくなるに従って、増加傾向を示している〈図表4-5〉。この傾向は、「2社以上の比較」では

より顕著であり、2011年以降に加入した高知識層では、比較あり層のうち半数以上が加入検討段階で複数社間の比較を行うようになっている。このことから、「機能価値の高い商品」である生保商品において比較があまり行われていない背景には、多くの消費者が比較に必要な知識を持っていないことがあるものと考えられよう。

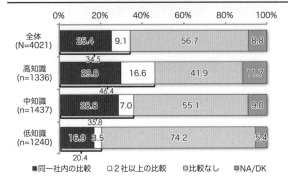

＜図表4-4　直近加入検討時の比較の状況（知識水準別）＞

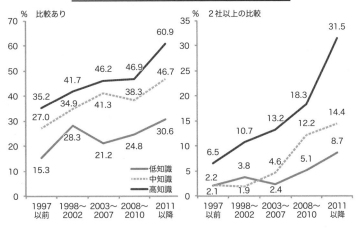

＜図表4-5　知識水準別の比較状況の推移＞

このように、加入検討時に比較行動をとる消費者は徐々に増えてきている。近年、比較経験者が増加している背景には、比較するための知識の獲得や、知識がないなかでも不十分ながら容易に比較できる、比較サイトなどの環境が

徐々に認知されてきていることが背景となっているのではないだろうか。こうした状況をみる限り、消費者にとって保険は、そう遠くないうちに、他の商品同様、「複数社を比較して加入するもの」との認識が一般的なものとなっていくものと考えられる。

3．消費者の納得感

前節でみたように、保険の加入検討段階で比較行動をとる消費者は徐々に増加している。また、前章でも詳細にみたとおり、こうした比較行動は様々な情報源を通じて探索した情報や、消費者自身の知識を背景として実施されているものと思われる。

では、このように情報を探索し、比較検討する消費者は、保険加入にあたってどの程度保険商品や契約概要について理解しているのだろうか。また、納得のいく商品選択を行うためには、どのような内容について理解を深めておく必要があるのだろうか。ここでは、定量調査の結果を中心に、直近加入時の消費者の保険に対する理解の程度について確認していく。

3-1.加入検討時の理解の状況

調査では〈図表4-6〉に示す14項目をあげて加入の際に説明を受けたり資料を読んだりして理解していたと感じることを尋ねている。結果をみると、全体では「自分にとって必要な保障」が49％で最も多く、「その保険の特徴や仕組み」（41％）、「保険金・給付金の支払要件」（36％）の順で続いている。「いずれもない」は全体の17％と僅かであり、ほとんどの消費者は14項目のうち、いずれか一つ以上の内容を理解した上で加入しているものの、加入の際に理解していたとする割合が最上位でも半数程度に留まっていることは、必ずしも十分な理解のもとに加入しているとはいえない状況といえよう。

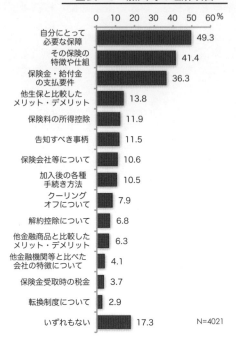

　これをさらに属性別にみると、女性や30歳代、60歳代以上では理解していた項目が比較的多くなっている〈図表4-7〉。また、商品類型別では、第三分野、死亡保障では半数前後が「自分にとって必要な保障」について理解しているのに対し、貯蓄や個人年金では4割弱に留まるなど、商品によっても理解の程度や内容には差がある様がみてとれる。加入チャネル別にみると、全体に比べ乗合型保険ショップやFPからの加入者では総じて理解度が高く、「自分にとって必要な保障」では約7割、「その保険の特徴や仕組み」では5～6割と半数超が理解している。また、「保険金・給付金の支払要件」、「他生保と比較したメリット・デメリット」についても3～5割と、複数社の商品を取り扱う強みが消費者にも伝わっている様子がうかがえる結果となっている。

＜図表4-7　加入時の理解項目（性別・年齢階層別・商品類型別）＞

	N	自分にとって必要な保障	その保険の特徴や仕組	保険金・給付金の支払要件	他生保と比較したメリット・デメリット	告知すべき事柄	保険料の所得控除	保険会社等について	加入後の各種手続き方法	クーリングオフについて	解約控除について	他金融商品と比較したメリット・デメリット	他金融機関等と比べた他会社の特徴について	保険金受取時の税金	転換制度について	いずれもない
全体	4021	49.3	41.4	36.3	13.8	11.9	11.5	10.6	10.5	7.9	6.8	6.3	4.1	3.7	2.9	17.3
男性	2000	48.2	40.1	33.1	14.6	13.3	9.5	10.6	9.5	6.1	5.7	7.2	4.5	3.9	3.0	18.5
女性	2021	50.4	42.6	39.4	13.1	10.5	13.5	10.7	11.6	9.6	7.9	5.5	3.8	3.4	2.8	16.2
20代	298	49.0	42.3	32.9	17.1	11.7	11.1	10.1	12.4	9.7	6.4	6.4	3.0	2.0	2.0	22.5
30代	873	52.6	42.8	36.4	15.6	15.5	10.9	10.2	10.2	8.9	7.9	8.0	5.3	4.6	2.7	16.2
40代	917	49.6	40.9	36.2	14.3	11.6	9.7	8.9	10.8	7.7	5.7	6.0	4.6	4.1	2.5	19.4
50代	956	48.7	40.4	34.1	11.6	10.5	8.9	8.9	10.4	7.8	6.7	4.9	3.8	3.3	2.3	16.3
60代～	977	46.6	41.1	39.4	13.0	12.0	15.3	13.0	11.7	8.0	7.1	6.4	3.3	4.5	4.0	15.8
第三分野	1765	54.6	41.2	37.7	15.3	9.5	12.9	10.4	10.9	7.1	4.3	4.6	3.7	2.4	2.1	15.5
死亡保障	1544	48.7	41.8	34.7	12.9	11.3	11.3	10.4	10.4	7.8	6.8	7.0	4.3	4.3	4.0	18.1
貯蓄	404	36.1	40.1	35.1	12.4	15.8	7.9	12.4	8.9	10.1	9.4	7.2	3.0	5.4	1.7	21.5
個人年金	287	39.0	41.1	37.6	12.2	21.6	8.7	10.5	10.5	9.8	12.2	11.8	6.6	5.2	3.1	17.4
営業職員	1808	47.8	41.4	35.2	10.6	11.7	11.2	8.8	8.9	7.4	7.2	6.0	3.2	2.8	4.8	18.2
窓口	255	45.1	44.7	37.6	11.4	9.4	14.5	9.4	14.5	11.4	6.7	5.5	7.5	1.4		13.3
直販チャネル	747	53.5	41.8	39.4	17.4	10.8	11.2	11.0	13.7	6.2	2.5	6.2	5.0	3.9	0.9	12.2
うち郵送	369	53.7	43.9	43.6	19.2	11.4	10.8	11.9	13.6	6.0	1.9	4.1	5.1	2.4	0.8	12.5
うちインターネット	270	55.2	39.6	35.2	17.0	11.9	11.9	9.3	12.2	7.0	3.7	8.1	4.4	5.2	0.7	12.2
うちコールセンター	108	49.1	39.8	35.2	12.0	6.5	11.1	12.0	17.6	4.6	1.9	8.3	5.6	5.6	1.9	11.1
銀行等	219	41.6	42.0	40.6	15.1	20.1	9.1	15.5	11.9	13.2	17.4	13.2	5.0	6.4	1.4	12.8
乗合型保険ショップ	134	69.4	61.2	47.0	29.1	13.4	17.9	14.2	14.2	21.6	17.2	10.4	6.0	4.5	1.5	2.2
保険代理店	124	52.4	46.8	43.5	23.4	12.1	19.4	12.1	11.3	12.9	9.7	10.5	4.8	3.2	0.8	13.7
ＦＰ	168	69.6	53.6	44.6	36.3	11.3	19.0	12.5	10.7	13.1	13.1	15.5	7.1	5.4	4.2	6.0

　一方、加入検討のきっかけ別にみると、生活設計・家計見直しやＣＭ、ＤＭを契機とする層では「保険金・給付金の支払要件」について理解していたとする割合も４〜５割と高く、「他生保と比較したメリット・デメリット」も２割を超えるのに対し、勧誘をきっかけとする層では「その保険の特徴や仕組み」は半数を超えているものの、「自分にとって必要な保障」や「保険金・給付金

の支払要件」は４割程度であり、上位３項目を除くすべての項目で理解者の割合は２割未満と低くなっている〈図表4-8〉。

<図表4-8　加入時の理解項目（加入検討のきっかけ別）>

	N	自分にとって必要な保障	その保険の特徴や仕組	保険金・給付金の支払要件	他生保と比較したメリット・デメリット	保険料の所得控除	告知すべき事柄	保険会社等について	加入後の各種手続き方法	クーリングオフについて	解約控除について	他金融機関等と比べた会社の特徴について	他金融商品と比較したメリット・デメリット	保険金受取時の税金について	転換制度について	いずれもない
全体	4021	49.3	41.4	36.3	13.8	11.9	11.5	10.6	10.5	7.9	6.8	6.3	4.1	3.7	2.9	17.3
ライフイベント	1569	51.8	40.6	35.1	14.9	12.7	10.5	11.2	11.2	7.8	7.1	6.8	4.8	4.1	2.9	16.8
生活設計・家計見直し	701	59.1	52.9	44.4	23.7	17.3	17.4	12.3	14.0	13.1	11.0	11.3	6.8	6.1	3.9	7.4
勧誘	651	43.3	50.7	41.2	13.4	13.8	14.0	10.6	12.9	11.8	12.7	7.8	4.6	3.5	6.6	12.7
口コミ	577	51.5	47.5	43.5	18.2	13.7	13.3	11.1	13.2	8.0	6.9	6.9	6.6	5.4	2.9	11.3
CM、DM	471	56.5	51.6	48.2	20.8	13.2	15.9	15.7	16.1	6.6	5.5	8.3	6.4	3.0	1.7	9.8
収入増	371	50.4	52.0	51.2	17.8	12.4	16.7	12.4	10.0	11.1	11.1	10.0	6.7	5.1	3.5	10.0

　このことは、潜在顧客に十分な理解を得るためには、単に説明を繰り返すのではなく、消費者側に理解しようという姿勢をもってもらう必要があることを示しているといえるのではないだろうか。実際に、勧誘をきっかけとする層について、加入検討時の行動別に理解度をみると、保障の必要性や保障の種類・負担額について検討した層では、生活設計や広告を契機とする層と遜色ない水準にまで理解度が高くなっていることがわかる〈図表4-9〉。

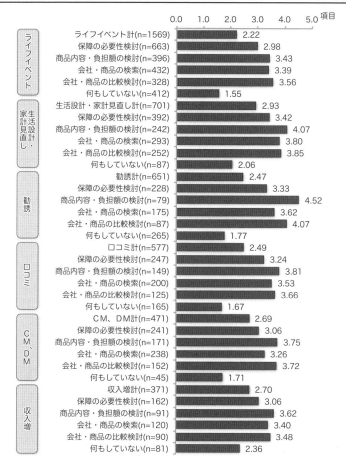

<図表4-9　加入時の理解項目数(加入検討のきっかけ別・検討時の行動別)>

3-2. 比較検討を通じて理解を深める意義

　消費者が加入する商品について納得するためには、どのような内容について理解する必要があるのだろうか。加入時に理解していた項目別に、必要性、価格妥当性の納得度をみると、必要性の納得度については、「他生保と比較したメリット・デメリット」で13ポイント、「加入後の各種手続き方法」「自分にとって必要な保障」で12ポイント、それぞれ全体平均に比べ高くなっている。また、価格妥当性については、「他生保と比較したメリット・デメリット」で15ポイ

ント、「他金融商品対比のメリット・デメリット」「他金融機関等に対する会社の特徴」で14ポイント全体平均に比べ高い〈図表4-10〉。また、理解項目数別にみると、いずれの納得度についても、理解項目数が多くなるほど高く、特に4項目以上理解していた層では必要性の納得度は9割を、価格妥当性では8割を超えて高くなっている〈図表4-10〉。

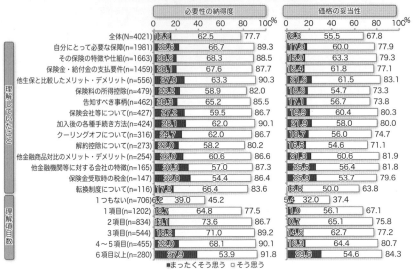

〈図表4-10 必要性の納得度と価格の妥当性〉

このように、加入時の比較検討行動を通じて、事前に様々な側面で理解を深めておくことは、加入する商品の内容や価格妥当性に対する納得度を高める効果がみとめられる。保険募集には様々な規制があるため、とかく無用のトラブルを避けるために証跡を残すことを優先しがちではあるが、消費者の意向をくみ取り、説明を通じて理解を深めてもらうことは、買い手、売り手双方にとって、積極的な意味があるといえるのではないだろうか。

4．比較・検討の対象・範囲

4-1.競合する会社数－考慮集合の変遷

　本章第2節でも示したように、比較するための知識の獲得や、知識がないなかでも不十分ながら容易に「比較」できる比較サイトなどの環境が徐々に認知されてきていることを背景として比較した上で加入する消費者が増加している。

　このような消費者の中には、

- 「夫が資料を集めてすごく調べるタイプなので、国内生保5社、外資系5社のＨＰを全部プリントアウトして読んでもらった」(39歳女性)
- 「ヤフーで『生命保険』で検索した結果をお気に入りに入れて出てきた会社のＨＰを何日かかけて見ていった」(37歳男性)

のように、3社以上の生保会社を比較する人もいるようである。

　消費者行動に関する学術研究の中では、消費者が購入を検討するブランド(商品)について、①世の中に存在する全ブランド(商品)を、②消費者がその存在を認知しているか(知名集合)、③認知している場合はそのブランド(商品)の特徴まで理解しているか(処理集合)、④実際に購入対象として検討するか(想起集合)、といった、階層構造による集合として整理されている〈図表4-11〉。

<図表4-11　認知・検討プロセスの各段階における会社数の推移>

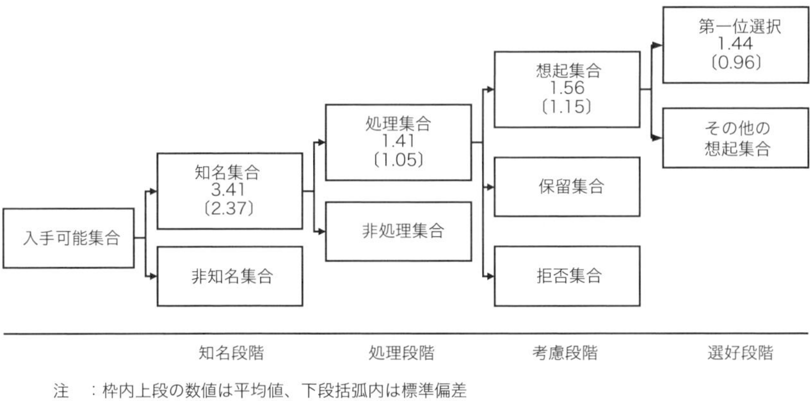

注　：枠内上段の数値は平均値、下段括弧内は標準偏差
出所：J. E. Brisoux, E. J. Cheron （1990）より筆者作成

このような階層構造を、生保の加入検討プロセスになぞらえ、2008年に筆者が野村総合研究所の協力の下、実施[6]した調査結果から、⑤購入直前の段階における詳細な検討先を含めて、それぞれの会社数をみると、入手可能集合のうち、社名を認知している知名集合[7]では平均3.41社、そのうち加入を検討する候補となりうる処理集合では1.41社、実際に直近加入時に検討した対象である想起集合では1.56社となっている。調査では、特に情報を与えず純粋想起で認知している会社名をあげさせているため、会社リストを提示する助成想起とは異なり、心理的に近い限られた会社だけがあげられるものと考えられる。この結果は、消費者ごとのバラツキを考慮しても大半の消費者がそもそも1〜7社程度の生保会社しか認知しておらず、加入検討先の候補に至っては1〜3社程度に留まることを意味している。消費者が自社への加入を検討してくれるかどうかは、最低限この7社に含まれ、さらにこのうち3社という候補に残れるかにかかっているといえよう。消費者に選ばれる会社となるためには、単に露出を増やして認知度を上げるだけでなく、消費者にとって身近な存在として認知してもらうための努力が必要といえるのではないだろうか。

ただし、一時点の調査では明らかにできないものの、加入を検討する前には知らなかった会社がインターネットでの検索等によりすくい上げられ、処理集合や想起集合を構成するようになるケースも僅かながら存在するようである。先の例のように、加入検討時にインターネットでの検索結果から検討先を絞り込んでいく消費者もいることを考えれば、自社がインターネットで検索した結果のなかで、どのような位置にあり、消費者にはどのような会社として見られているのか把握し、必要に応じて改善していくための取り組みも重要といえるだろう。

---

6 調査概要は以下のとおり。
　調査対象：30歳以上の男女個人（True Naviモニター）
　調査方法：インターネットリサーチ
　調査時期：2008年3月6日〜7日
　回収サンプル数：1000サンプル

7 集計にあたり、会社名の誤記については、特定の会社を示していることが明らかなもののみをカウントしている。

4-2. 競合する商品・サービスの範囲

　消費者が生保への加入検討に際して「比較」する対象は、必ずしも同業他社だけではない。先の調査から、直近に加入した生保の保険料として調達した資金の使い途として他に検討していた商品やサービスについてみると、「預貯金」が37％で最も高く、以下、「株式・投信」（19％）、「旅行・レジャー」（15％）、「生活費」（10％）、「飲食・交際」（8％）の順で続く〈図表4-12〉。直近加入の商品類型別にみると、養老保険・子ども保険などの貯蓄性保険では「スポーツ・カルチャー」が、個人年金保険では「個人年金保険」が、第三分野では「医療保険・ガン保険」が、それぞれ相対的に高く、加入した商品類型により、競合する商品やサービスには差異があるものの、消費者は、他の金融商品や消費財、サービスを含めて比較・検討した結果、加入を決定していることがわかる。

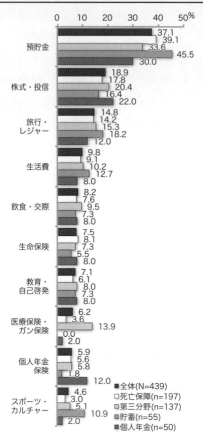

<図表4-12 競合する商品・サービス（上位10項目）>

　一方、加入資金の調達先では「生活費の見直し」が43％で最も多く、4人に1人が「預貯金の取り崩し」をあげるなど、支出の圧縮や資産の取り崩しにより必要な資金を捻出している消費者が7割近くを占めている〈図表4-13〉。加入資金の調達先と生保以外に検討した資金の使い途との関係では、預貯金の取り崩しでは、「預貯金」（36％）、「株式・投信」（14％）が、賞与・一時金では「預貯金」（47％）、「株式・投信」（30％）に加え、「旅行・レジャー」（35％）、「個人年金保険」、「飲食・交際」、「教育・自己啓発」（いずれも14％）が、保険の解約では「生命保険」（16％）が、それぞれ全体に比べ相対的に高く、資金の

調達先によっても、比較対象となる商品・サービスの種類・範囲は異なっているといえよう〈図表4-14〉。

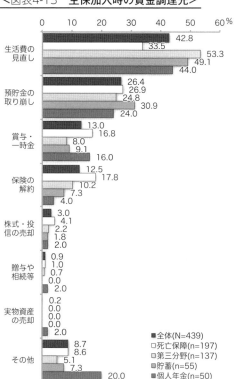

4．比較・検討の対象・範囲　　57

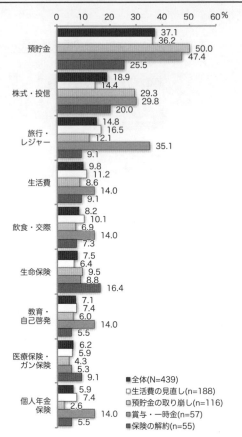

<図表4-14　競合する商品・サービス（資金調達先別）>

　このように、消費者が保険に加入する背景には、他の商品・サービスに振り向ける金額を減らしたり、購入を取りやめる、日常生活費を圧縮したり資産を取り崩すなど、収支両面における経済的な犠牲が伴っている。顧客の大切な資金を自社の商品に振り向けてもらうためには、同業他社のみならず、銀行・証券などの金融業界の他、旅行業界、レジャー産業などと比べても、犠牲に見合う、より有用な使い方であることを訴えていく必要があるといえるだろう。

第5章　行動段階の購買プロセス

　比較（Comparison）・検討（Examination）の次は、行動（Action）段階である。比較（Comparison）・検討（Examination）段階において、想起集合に含まれる候補についての一連の比較・検討を行った消費者は、具体的な保険の契約手続きに進む前に、①どの会社に加入するか、②どのチャネルから加入するか、③どんな商品に加入するか、といった三つの最終的な意思決定を行うものと考えられる。本章では、このような行動段階における三つの意思決定に焦点をあて、具体的な意思決定の状況について確認していく。

　まず、次節では行動段階における意思決定のうち、③の商品選択に焦点をあてる。消費者の最終的な商品選択にあたり重要な要素となる価格（保険料）の持つ意味を明らかにすることが目的である。

1．保険商品選択における価格（保険料）の重要性

1-1. 消費者にとっての「価格（保険料）」の意味とは

　長く続いたデフレ環境下のなかで、ネット専業の生保や共済団体は、保険料の安さとシンプルさを理由として注目され、業績を伸ばしてきた〈図表5-1〉。一方で、過去に筆者らが実施したフォーカス・グループ・インタビューのなかでも、20〜30歳代の男女からは、

- 「ダイレクト販売は営業職員がいないから安くできるという理由も納得できるから、安いことが明らかな外資系の会社で加入したい」(29歳男性)
- 「40歳で保険料が上がるので、その時に解約するつもり。今、変えるとしたら、保険料が安い生保会社」(33歳男性)
- 「以前に、訳もわからず加入してしまい保険料が高くて解約した」(31歳女性)

といった発言が得られている。これらのことからも、保険料の額自体が加入先を決める重要な要素の一つとなっていることは確かなようである。

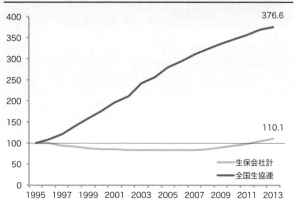

<図表5-1　生保会社・全国生協連の保有契約件数の推移>

注：平成7年を100として指数化
出所：生協協会「事業概況」、インシュアランス「生命保険決算
　　　統計号」より筆者作成

　保険の教科書的には、生保商品の「価格」である保険料は、保険事故に対応して保険金・給付金を支払うための純保険料と、付加保険料とに分けられるとされている。また、製品の価格設定についても、製品の製造、流通等にかかるコストを見積り、利益分を加算して……という順序で積み上げていく方法は一般的なものである。売り手側にとって、このような計算手順に基づいて価格を決めていくのは当然ではあるものの、（生保を含む）商品を購入（契約）する消費者側の視点に立って「価格」について考えてみると、単なる「コスト」＋「利益」ではない、別な側面があることに気づく。典型的な例として、ラグジュアリーブランドをあげることができるだろう。材質や縫製技術などの物理的な差異はなくとも、消費者は時として特定の商品・サービスに対して喜んで多額の対価を支払う。また、旅行先を検討する際、周辺の宿泊施設に比べ格段に安い料金設定をしている先に対して、十分なサービスを受けることができるか不安を抱くこともあるだろう。
　これらの例からも明らかなように、消費者にとって「価格」には、商品・サービスの内容や質について評価するうえで十分な知識や情報がない場合に、その程度を想定する指標としての機能があるといわれている。
　先にあげた「今、変えるとしたら、保険料が安い生保会社」という消費者の

発言は、既契約の解約と乗り換えを、"すぐに"ではなく"保険料が上がる前に（更新時期を待って）"行う、とするものではあるものの、この発言の背景には通信販売型の生保会社のようにチャネルコストを抑えることで「安く」なることについては理解を示しつつも、一方で給付などの「保険」としての品質に対する不安も抱いている（質的に劣るのではと危惧している）といった意識があるのではないだろうか。

このように消費者からみた「価格」の持つ意味を考慮すると、世帯普及率が9割近くに及んでおり、多くの消費者がある程度価格帯に対する知識を持っているはずの生保商品の場合、競合する他社商品に比べて極端に高い（安い）商品の提供は、「他社に比べ圧倒的に高度なコンサルティング」や「競合他社が容易には模倣しえない高機能な商品」、「チャネルコストを抑えることで保険料を引き下げた商品」など、消費者にとって理解可能な合理的な理由がある保険料水準でなければ受け容れられないことを意味しているのではないだろうか。近年みられてきた通信販売型の生保会社や共済の人気や、冒頭にあげたいくつかの消費者の発言からは、保険料の額が、保険加入を決定する際の強力な訴求点となっているようにみえる。実際のところ消費者は、どの程度保険料を重視しているのだろうか。

1-2. 最終的な決定要因としての「保険料」の位置づけ

日経リサーチ社により2013年に実施された「日経リサーチ金融総合定点調査「金融RADAR」[8]」より、直近3年間に加入した生命保険、個人年金（複数加入した場合は最も新しいものひとつ）について、その加入の決め手になった要因をみると、「商品の内容が良かったこと」（以下『商品内容』）が51％と半数を占めて最も多く、「営業職員の対応」（30％）、「保険会社の安定性」、「保険会社の信頼性」（いずれも28％）、「保険料が安いこと」（以下『保険料』）（27％）となっている〈図表5-2〉。これをさらに加入した保険種類別にみると、いずれの保険種類でも『商品内容』のほうが『保険料』を上回っているものの、死亡保障と第三分野では、『保険料』は『商品内容』に次いで多くなっている。また、

---

8 調査対象は首都圏40km圏に居住する20〜74歳男女個人。有効回収数は2,680人。

商品種類間の比較では、第三分野の加入者の『保険料』は39％と、死亡保障（31％）を上回って高くなっている。このように、保険種類により違いはあるものの、消費者にとって「保険料」は、保険加入を考える際、重要な要素となっていることは間違いないようである。

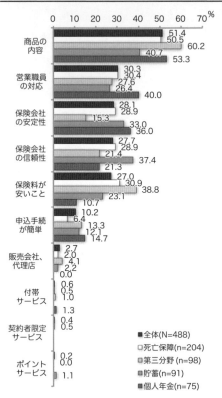

<図表5-2　直近加入時の最終的な決定要因>

では、このような状況は今後も変わらないのだろうか。直近加入において『保険料』を重視したという回答が多かった第三分野について、今後、新規加入または積み増しをする際に重視する要因を尋ねた結果をみると、『商品内容』が62％で最も多く、『保険料』が54％で続く〈図表5-3〉。3位以降は「保険会社の安定性」（40％）、「保険会社の信頼性」（29％）と、上位2項目との差が大きくなっている。これを暮らし向きの程度別にみると、経済的な余裕の程度に関

わらず『商品内容』の方が『保険料』よりも多くなっているものの、余裕あり層では両者の差が18ポイント差となっているのに対し、余裕なし層では4ポイント差と差が小さくなっている。

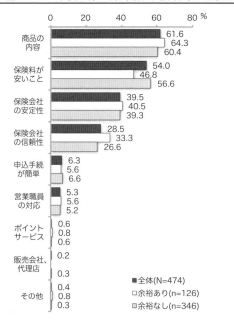

＜図表5-3　今後の第三分野加入・積増時の重視点＞

これらの結果は、暮らし向きに余裕がないなかでは保険料水準を重視する傾向は強くなるものの、商品の内容や質については妥協しない範囲で、価格志向を強めていることを意味しているものと思われる。余裕なし層の経済的な負担能力を考えれば、『保険料』はより重要な訴求ポイントになると考えられるものの、必ずしも『保険料』がカギ、というわけではなく、ニーズを過不足なく満たすような商品を提示できるかどうかが肝要、といえるのではないだろうか。

2．消費者の商品理解の状況と保障の必要性・価格妥当性の納得度

　前節では、商品選択の中で価格（保険料）に焦点をあて、消費者の最終的な商品選択にあたり重要な要素となる価格（保険料）の持つ意味について検討してきた。本節では、加入を決定する段階までのプロセスで消費者は十分に理解することができたのか、どの程度理解して加入に踏み切ったのか、といった、消費者の商品理解について確認する。

2-1. 加入時の商品理解の状況

　はじめに、定量調査から、消費者の加入段階における商品理解の状況として、加入の際に理解していたこと14項目をあげて調査した結果のうち、上位10項目についてみると、「自分にとって必要な保障」が49％で最も多くなっている〈図表5-4〉。以下、「生命保険の特徴や仕組み」（41％）、「保険金・給付金の支払要件」（36％）の順に続くものの、この上位3項目を除くと、その他の項目はいずれも2割に満たず、理解していたとされた項目数の平均は2.2項目に留まっている。これを性別にみると、「保険金・給付金の支払要件」は女性が男性に比べ6ポイント、「加入時の告知事項」「クーリングオフ」は4ポイント、それぞれ高く、「保険料の所得控除」は男性が女性に比べ3ポイント高い。また、年齢別にみると30歳代では「生命保険の特徴や仕組み」「保険料の所得控除」が全体に比べ高くなっている。この他、60歳以上では「保険金・給付金の支払要件」「加入時の告知事項」「取扱機関（保険会社等）」が全体に比べ高い。

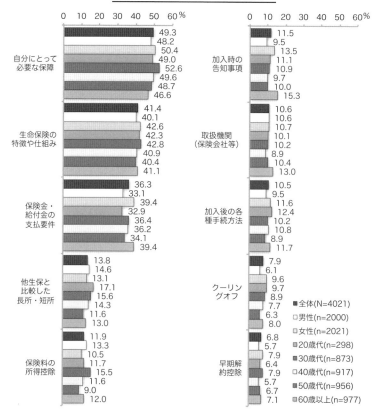

　一方、加入した商品の種類別にみると、第三分野では「自分にとっての保障」が高くなっている。また、個人年金では「保険料の所得控除」「早期解約控除」で高い〈図表5-5〉。理解していた項目数の平均をみると、死亡保障、第三分野では平均2.2項目、個人年金では2.3項目、貯蓄では2.1項目と、個人年金でやや多いものの総じて理解項目数は少なく、十分に理解しないまま加入に至っている可能性があるといえそうである。

　過去に実施したフォーカス・グループ・インタビューの中でも、

- 「セールスレディが会社に来て、頼んでもいないのに勝手にライフプランを立ててきた。ライフプランもそんなによく見ないで『社会人とはそ

ういうものかな』と入った」(29歳男性)

- 「外交員さんの話を聞いてそのまま深く考えずに加入した。今でも、『ど
  このものでも、保険に入っておきさえすればいい』と思っている」(25
  歳男性)

といったように、内容を吟味することもなく加入した経験についての発言もみられる。

　直近加入時に行った行動のうち、比較検討の状況の別にみても、2社以上の比較を行った層では「保険料の所得控除」「加入時の告知事項」「クーリングオフ」が同一社内の比較、比較なし層に比べ高く、比較なし層ではすべての項目で全体に比べ低くなっている〈図表5-6〉。

<図表5-5 加入時の理解項目(商品類型別)>

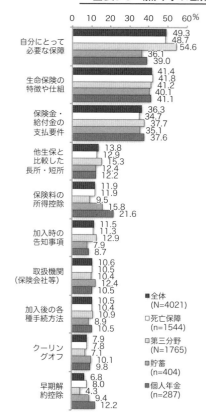

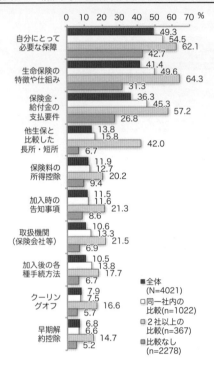

<図表5-6　加入時の理解項目（比較検討の状況別）>

2-2. 加入時の必要性理解・価格妥当性への納得度

　このような状況の中、最終的に、保障内容の必要性や、内容と価格（保険料）とのみあい（価格妥当性）について十分納得できたと思うかについてみると、保障内容の必要性については78％が、価格妥当性については68％が、それぞれ納得して加入していることがわかる〈図表5-7〉。これを、加入した商品の種類別にみると、第三分野では保障内容の必要性は82％、価格妥当性は74％と、死亡保障（保障の必要性：74％、価格妥当性：60％）に比べ高くなっている。加入時の理解項目の面では、総じて理解項目数が少なかったことをあわせて考えると、第三分野では、他の商品類型に比べ、表層的に理解しただけで加入している可能性が高く、先々に不満の種を残す結果となっていることが危惧される。

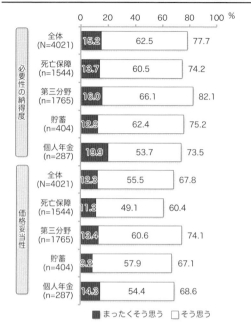

　加入時の理解項目数を3区分した理解度別にみると、保障内容の必要性については理解度低が66％、理解度中が88％、理解度高が91％と理解度が高まるほど保障内容の必要性に対する納得度も高くなる傾向がみられる〈図表5-8〉。価格妥当性についても同様に、56％から76％、82％と、理解度が高まるほど内容は価格にみあっていると考える割合が高まる。また、具体的な理解項目の別にみると、保障内容の必要性では、「他生保と比較した長所・短所」や「加入後の各種手続き方法」で9割を超えて高く、価格妥当性では、「他生保と比較した長所・短所」や「取扱機関（保険会社等）」「加入後の各種手続き方法」で8割を超えて、それぞれ納得度が高くなっている〈図表5-9〉。〈図表5-4〉に示したように、これらの項目はいずれも加入時に理解していたとする割合が低くなっていたことと考えあわせると、こうした内容を含め、説明を尽くし、より深い理解を促すことでさらに加入時の納得感を高める効果が期待できるのではないだろうか。

2．消費者の商品理解の状況と保障の必要性・価格妥当性の納得度　　69

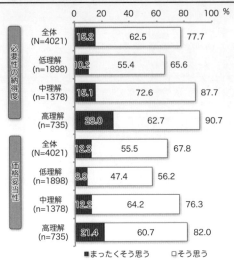

<図表5-8　必要性の理解度・価格妥当性の納得度(商品理解の程度別)>

　保険業法の制約もあり、他社商品との直截的な比較は難しいが、その他の項目については、今まで以上に説明を尽くしていくことで顧客の納得感を高め、保険加入につなげることができるのではないだろうか。

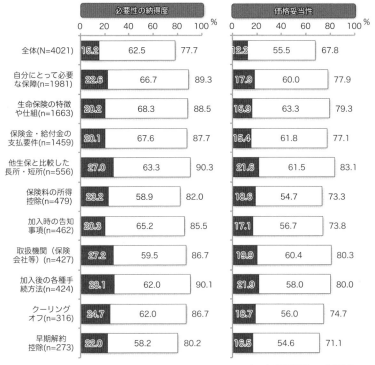

<図表5-9 必要性の理解度・価格妥当性の納得度(加入時の理解項目別)>

3．行動（Action）段階における意思決定

　前節までは、行動（Action）段階における商品選択に焦点をあて、消費者にとって価格（保険料）が持つ意味や、商品理解の状況について示してきた。本節では、行動（Action）段階における意思決定のうち、①どの会社に加入するか、②どのチャネルから加入するか、といった会社、チャネル選択に焦点をあて、消費者に選ばれる会社、チャネルの条件とは何かを明らかにすることを試みる。

3-1. 加入先の会社選択理由

まず、定量調査の結果から直近加入契約の加入先の会社選択理由についてみると、全体では、「信頼できる」が35％で最も多く、次いで「保険料が安い」(20％)、「親しみやすい」(12％)の順となっている〈図表5-10〉。加入先の会社類型別にみると、国内大手では「営業職員が知り合い」(16％)や「規模が大きい」(15％)が、損保系では「一番ニーズにあっている」(17％)が、それぞれ全体に比べ高くなっているなど、会社類型により差異はあるものの、いずれの会社類型についても「信頼できる」は最上位であり、取引先の会社選択については、「会社が信頼できるかどうか」が大きな選択基準となっているようである。

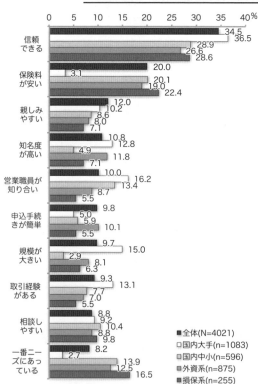

〈図表5-10　会社選択理由（上位10項目）〉

3-2.加入チャネルの選択理由

　次に、加入チャネルの選択理由についてみると、全体では「応対者が信頼できた」（20％）が最も多く、次いで「手軽だから」（17％）、「保険会社が信頼できた」（13％）の順となっている〈図表5-11〉。これを加入チャネル別にみると、営業職員等からの加入者では、「応対者が信頼できた」が33％で最も多く、次いで「家族、友人等だから」（19％）、「保険会社が信頼できた」（17％）が続くのに対し、電話・郵送からの加入者では、「手軽だから」が37％で最も多く、「いつでも申し込めた」（31％）、「出向く必要がない」（27％）が３割前後で続いている。また、窓口からの加入者では「近くで手続きできる」が、来店型店舗からの加入者では「多くの会社を比較できる」が、いずれも35％で最も多くなっているなど、最上位にはそれぞれのチャネル特性にあった理由があげられている。ただし、一社専属の営業職員等では、「応対者が信頼できた」や「保険会社が信頼できた」が上位にあげられているのに対し、複数の生保会社が乗り合う来店型店舗では、応対者や保険会社の信頼よりも、複数社間で比較できることや情報の豊富さ、情報入手の確実性などの機能的な側面が上位にあげられるなど、同じ対面チャネルであっても選択理由は異なっている点には、注意が必要であるといえる。

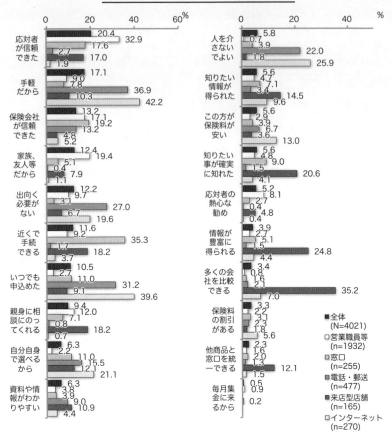

<図表5-11　加入チャネル選択理由>

　実際に、過去に実施したフォーカス・グループ・インタビューにおいても、営業職員から加入した消費者からは、

- 「母の知人が保険をしていたのでその人を信用して勧められるものに入った」(35歳女性)
- 「会社の上司の義理の兄弟が保険会社にいて、上司の関係だから信用してもいいと思った」(32歳男性)

のように、提案された商品の内容よりも、相手を信用して加入したという声も聞かれている。営業職員や代理店といった一社専属の人的チャネルからの加入

者にとって、会社やチャネルの選択基準は消費者に相対する売り手自身や、契約先の保険会社が信頼できるか否かが大きなポイントとなっているようである。

一方で、現在保険に加入していない人のなかにも、

- 「約款をいちいち読むのではなく、人を信用して入りたい」（35歳男性）
- 「資料を取り寄せるのはイヤ。言葉巧みに隠されると思うので。人づてに、ちゃんと言葉で伝えてもらいたい」（28歳男性）

のように、内容をしっかり理解して納得した上で加入したいという思いはあるものの、そのために、自ら資料を取り寄せて熟読するよりも、信用できる売り手に出会いたい、という意向があるものと思われる。第4章でも詳述したように、消費者は、加入検討の初期段階では、口コミやネット、請求した資料などから得た情報も参考にしながら検討を進めているものの、加入の意思決定や申し込みといった行動（Action）段階では、多くの消費者が①自分の疑問点に直接答えてほしい、②保険はカタチがないので「人」がいると安心できる、などの理由から、「疑問の内容にあわせてわかりやすく答えてくれて「信頼できる」人的チャネルを望んでいるものと思われる。対面チャネルの介在を望む消費者に対しては、それぞれのチャネルにおいて、どのように信頼を獲得していくのかが重要な課題となっているといえよう。

3-3.意思決定上の最終的な決定要因

では、会社やチャネルへの信頼感は、消費者が生保への加入を決めるうえで、どれくらい重視されているのだろうか。加入を決めた最終的な決定要因についてみると、「保険料が妥当」が39％で最も多く、「保険の内容が良い」（23％）をあわせると商品要因が決め手であったという回答が半数以上を占めている〈図表5-12〉。加入チャネル別にみると、営業職員・代理店からの加入者でも商品要因が半数以上を占めているものの、チャネル要因（「対応が的確」「営業職員の勧め」）も3割を超え、他のチャネル加入者よりも高くなっている。消費者の生保加入の意思決定において、加入する商品そのものの良し悪しが重要であることはいうまでもないが、加入申込先として営業職員・代理店といった人

的チャネルが選ばれるためには、消費者の信頼をどのようにして勝ち取っていくかといったことも、大きな要因となっているといえるのではないだろうか。

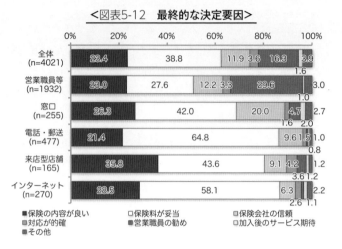

＜図表5-12　最終的な決定要因＞

4．望まれる人的チャネル像とは

　前節では、会社、チャネルの選択に焦点をあて、消費者に選ばれる会社、チャネルの条件について分析した結果、会社、チャネルとも最も重要な要素は信頼感であり、人的チャネルからの加入者においても、加入を決めた最終的な決定要因としては、加入する商品そのものの良否をあげる割合が過半を占めるものの、チャネル要因も3割を超えて高く、人的チャネルにとって、顧客の信頼を勝ち取ることが大きなポイントであることを示した。生命保険文化センターの「平成25年度　生活保障に関する調査」などの各種調査でも示されているように、多くの消費者は依然として営業職員を中心とする人的チャネルから生命保険に加入しており、今後加入する場合のチャネルとしても、営業職員が最も支持されている〈図表5-13〉。

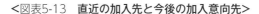

出所:生命保険文化センター「平成25年度 生活保障に関する調査」より作成

　消費者は、人的チャネルをどのような存在としてみているのだろうか。また、こうした意識は実際の人的チャネルとの接触の状況などによりどのような影響を受けているのだろうか。本節では、消費者の営業職員に対する考え方や実際に接触している営業職員に対して持っている印象についてみるなかで、望まれる人的チャネル像に迫ってみたい。

4-1. 人的チャネルに対するイメージ

　はじめに、定量調査の結果から、営業職員に対する考え方についてみると、「押しつけがましい」が48％で最も多く、「自分の利益になるものしか売らない」（40％）、「加入後熱心さが薄れる」（38％）と、いずれも半数には満たないものの、ネガティブイメージ項目が上位3項目を占めている〈図表5-14〉。これを属性別にみると、性別では、女性で「押しつけがましい」、「自分の利益になるものしか売らない」、「加入後熱心さが薄れる」、「生命保険のことを詳しく知っている」、「わかりやすく説明してくれる」が男性に比べ高く、年代別では「加入後熱心さが薄れる」で年齢層が高いほど高い傾向がみられている。さらに、生命保険の加入有無別にみると、いずれの項目でも加入者のほうが高く、加入者に限定して直近加入時の加入チャネル別にみると、営業職員からの加入者では「押しつけがましい」「加入後熱心さが薄れる」といったネガティブなイメージ項目では全体に比べ低く、「出掛ける必要がなくて便利」「生命保険のことを詳しく知っている」「わかりやすく説明してくれる」といったポジティブなイメージ項目で高くなっている〈図表5-15〉。このような傾向は、加入検討時の

情報源として営業職員を利用した層でも同様であることから、非加入者ではあまり明確なイメージを持っているわけではなく、営業職員と何らかの接点を持つことで、ある程度ネガティブなイメージが払拭され、ポジティブなイメージを抱いてくれるようになる可能性も考えられる。

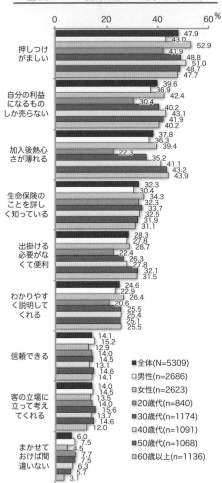

<図表5-14　営業職員に対する考え方>

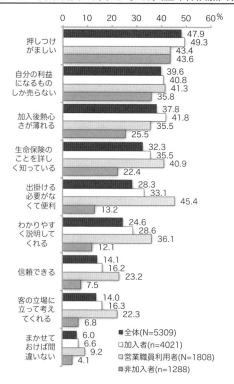

<図表5-15　営業職員に対する考え方(生命保険加入有無別)>

　しかし、営業職員からの加入者でもネガティブ項目より高くなっているのは「出掛ける必要がなく便利」の1項目であり、「客の立場に立って考えてくれる」や「信頼できる」「わかりやすく説明してくれる」といった項目の加入者全体との乖離幅は6〜8ポイント程度に留まっている。このことは、必ずしもすべての営業職員が営業活動を通じて信頼を獲得できているわけではなく、顧客側からは「押しつけ」や「自分の利益重視」のような見方をされている者も少なくないことを表しているといえるだろう。

4-2. 望まれる人的チャネル像とは

　では、消費者に支持される人的チャネルの像とは、どのようなものであり、現状の何を改善していけばよいのだろうか。顧客からの信頼を獲得できた営業

職員は、信頼されていない職員に比べて、消費者にどのような存在として見られているのだろうか。

　調査では加入後に接触のある営業職員・代理店に対する印象として9項目をあげ、あてはまる程度を尋ねているが、この設問に対する回答を営業職員信頼層と営業職員不信層とで比較すると、当然のことながら9項目すべてで信頼層のほうが高く、両者の差をみると「親しみがもてる」（+35pt）、「手続きを迅速に進めてくれる」「知識が豊富ですぐに回答が得られる」（+31pt）では特に差が大きくなっている〈図表5-16〉。

<図表5-16　接触のある営業職員・代理店に対する印象>

	全体(N=1859)	信頼層(n=444)	不信層(n=492)
すぐに連絡が取れる	61.5	78.4	52.2
親しみがもてる	61.4	84.0	48.6
知識が豊富ですぐに回答が得られる	50.7	71.4	40.7
手続きを迅速に進めてくれる	48.8	70.0	39.0
満期までずっと担当してくれる	34.4	52.7	26.4
保険以外の金融知識も豊富	29.3	45.9	22.8
地域の生活情報などにも詳しい	26.2	42.3	19.7
頻繁に顔を出してくれる	24.5	38.7	14.6
生活全般の相談にものってくれる	22.1	40.1	14.2

　また、今後、生命保険に加入する場合に、加入チャネルとして営業職員チャネルを希望する層に対し、同じ項目を用いて期待する素養について尋ねた結果をみると、全体では「手続きを迅速に進めてくれる」が84％で最も多く、「知識が豊富ですぐに回答が得られる」（83％）、「親しみがもてる」（83％）、「すぐに連絡が取れる」（82％）までが8割を超えて多くなっている〈図表5-17〉。これを、現在接触がある営業職員・代理店に対する満足度別にみると、現在の営

業職員・代理店に対して不満な層では「満期までずっと担当してくれる」、「すぐに連絡が取れる」、「親しみがもてる」、「手続きを迅速に進めてくれる」で満足層を大きく上回っている。このことは、これらの項目が示す素養を身につけることが、顧客の信頼の獲得や満足度の向上に直結した、消費者の望む人的チャネルのあるべき姿であるといえるのではないだろうか。

<図表5-17　営業職員・代理店に期待する素養>

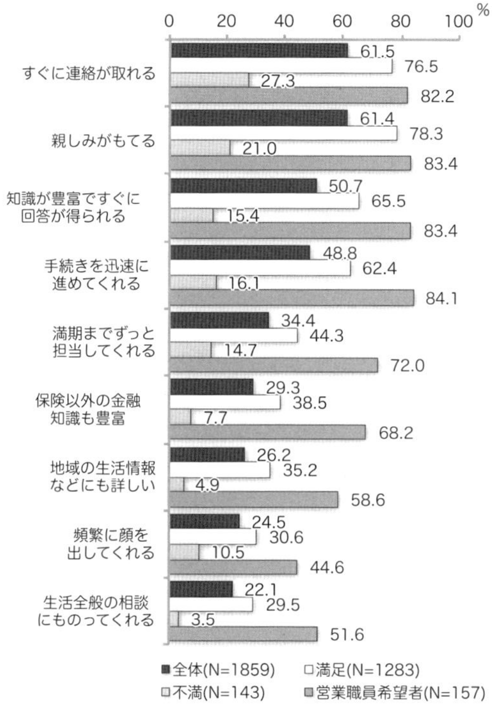

すぐに連絡が取れる
- 61.5
- 76.5
- 27.3
- 82.2

親しみがもてる
- 61.4
- 78.3
- 21.0
- 83.4

知識が豊富ですぐに回答が得られる
- 50.7
- 65.5
- 15.4
- 83.4

手続きを迅速に進めてくれる
- 48.8
- 62.4
- 16.1
- 84.1

満期までずっと担当してくれる
- 34.4
- 44.3
- 14.7
- 72.0

保険以外の金融知識も豊富
- 29.3
- 38.5
- 7.7
- 68.2

地域の生活情報などにも詳しい
- 26.2
- 35.2
- 4.9
- 58.6

頻繁に顔を出してくれる
- 24.5
- 30.6
- 10.5
- 44.6

生活全般の相談にものってくれる
- 22.1
- 29.5
- 3.5
- 51.6

■全体(N=1859)　□満足(N=1283)
□不満(N=143)　▨営業職員希望者(N=157)

4. 望まれる人的チャネル像とは

第6章　行動段階の共有プロセス

　行動（Action）の次は、共有（Share）段階である。行動（Action）段階において、購入（契約）手続きを行った消費者は、これまでの検討プロセスの結果についてどのように評価し、その結果を他者と共有したりするのだろうか。本章では、このような共有段階における評価の状況や他者との共有の有無について確認していく。

　まず、次節および第２節では顧客満足度の意味についてデータを元に検証し、第３節にて実際の共有の状況について確認することとする。また、第４節では、生命保険の長期性を鑑み、加入後のアフターフォローの意義についても検討を加えることとする。

1．顧客満足度とロイヤルティ

1-1.満足度の水準により異なるロイヤルティ

　各社で実施している顧客満足度調査では、「満足」から「不満」まで４段階ないし５段階の選択肢で尋ねているものの、調査結果については「満足」と「まあ満足」をあわせた『満足計』の数値の変化にのみ注目することが多いのではないだろうか。

　ところで、一般に顧客の満足度は企業へのロイヤルティや他者への推奨といった行動と密接に関連していることが知られているが、両者は必ずしもパラレルに連動しているわけではなく、公共サービスなどの規制が厳しく競争がほとんどない市場やスイッチコストの高い商品では下に、競争が激しい市場やスイッチコストが低いコモディティなどでは上に、それぞれ凸型の曲線を描くといわれている〈図表6-1〉。

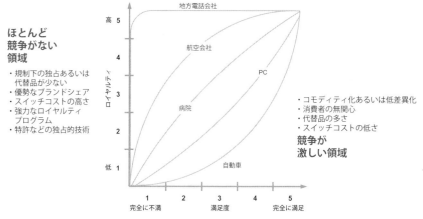

<図表6-1　競合環境が満足度とロイヤルティの関係に与える影響>

出所: Heskett, James L. "Putting the Service Profit Chain to Work." Harvard Business Review (November 1995). Print.より筆者作成

　生命保険については、競争は激しいものの商品の特性からスイッチコストが高く、図表6-2に示すとおり継続意向については「満足」と「まあ満足」の差は約2倍、再利用意向と推奨意向では3～8倍と、いずれの指標についても下に凸の曲線を描いている上、「まあ満足」と「満足」の差が大きく開いていることがわかる。解約防止による継続率の向上を目指すのであれば『満足計』に注目するだけでも一定の成果が期待できると考えられるが、見込み客の探索や、ニーズ喚起に向けては、追加加入や紹介・口コミへの期待水準が大きく異なる「満足」と「まあ満足」との違いに着目することも必要ではないだろうか。

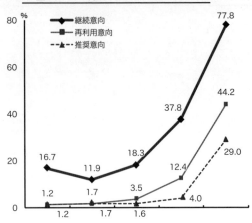

1-2. 満足度の差異を生み出す要因

　両者の差異を生み出す要因について、加入検討のきっかけをみると、満足層、まあ満足層のいずれも「ライフイベント」が4割弱で最も多くなっているものの、満足層ではまあ満足に比べ、「ＣＭ、ＤＭ」でやや高く、「勧誘」で低くなっている〈図表6-3〉。加入検討時の行動でも、おおむね満足度の水準とともに高くなっており、「保障の必要性検討」で11ポイント、「会社・商品の比較検討」、「会社・商品の検索」で7ポイント、「商品内容・負担額の検討」で5ポイント、それぞれ満足層のほうが高く、満足層ではまあ満足層に比べ、より主体的に検討を進めている様がみてとれる〈図表6-4〉。

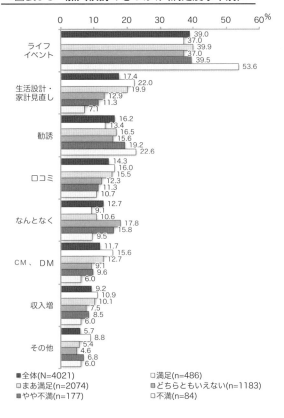

<図表6-3 加入検討のきっかけ(満足度水準別)>

1. 顧客満足度とロイヤルティ

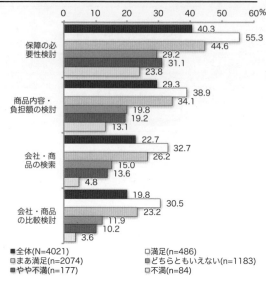

<図表6-4 直近加入時の検討プロセス(満足度水準別)>

加入の際、理解していた項目についてみると、いずれの層でも「どちらともいえない」や「不満」に比べ多くの項目で高くなっているものの、満足層ではまあ満足層に比べ、「自分にとって必要な保障」では13ポイント差、「他の生保商品と比較した長所・短所」では8ポイント差、「保険金・給付金の支払要件」、「加入後の各種手続き方法」、「取扱機関（保険会社等）」では7ポイント差、「生命保険の特徴や仕組み」では6ポイント差と、満足層ではより多くの項目について理解していることがわかる〈図表6-5〉。その結果、必要性の納得度、価格妥当性とも、満足層では「まったくそう思う」がそれぞれ59％、54％と、まあ満足層（12％、9％）を大きく上回る結果となっている〈図表6-6〉。

<図表6-5 加入時の理解項目(満足度水準別)>

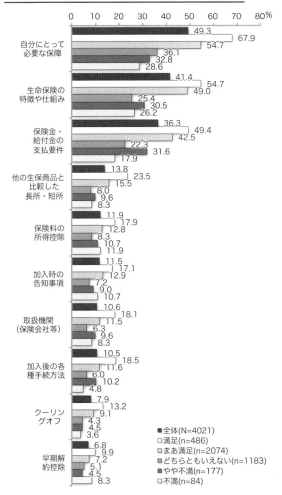

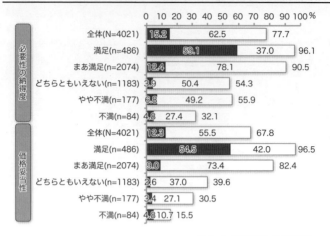

<図表6-6 必要性の理解度・価格妥当性の納得度(満足度水準別)>

　先述の通り、事業計画の策定資料や評価の測定指標としては、『満足計』の数値にのみ着目しがちである。しかし、満足層とまあ満足層とでは、そもそも保険加入にあたっての行動が異なり、自身が加入した商品や保険料に対する理解の程度にも大きな差異があるようである。では、彼らは売り手を頼ることなく、自分の力だけで商品選択しているのだろうか。保険に対する考え方として「詳しい人に尋ねてから加入する」という意見への当てはまりの程度を尋ねたところ、満足層では「あてはまる」が17％とまあ満足層（4％）を12ポイント上回っている〈図表6-7〉。一方で、「納得するまで自分で調べるか詳しい人に聞くか」のどちらに近いかを尋ねる設問に対しては、満足層では「A（自分で調べる）に近い」が42％と、まあ満足層（25％）を約20ポイント上回っている。このことから、彼らは営業職員などの「人」を、自身の理解を深めるための補完的な情報源として位置づけているといえよう。

<図表6-7 「詳しい人に尋ねてから加入する」(図表左)
「納得するまで自分で調べる(A)か詳しい人に聞く(B)か」(図表右)>

	あてはまる	まああてはまる			Aに近い	ややAに近い	ややBに近い	Bに近い
全体(N=4021)	5.3	21.2	26.6		25.8	54.8	16.6	2.4
満足(n=486)	16.5	22.4	38.9		41.8	42.6	11.1	3.9
まあ満足(n=2074)	4.2	25.5	29.7		24.5	57.6	15.9	1.7
どちらともいえない(n=1183)	2.5	14.2	16.7		19.6	58.2	19.4	2.6
やや不満(n=177)	6.2	17.5	23.7		29.4	43.5	23.2	3.4
不満(n=84)	6.0	17.9	23.8		40.5	38.1	15.5	4.8

　まあ満足層の満足度をさらに高め、ロイヤルティを獲得していくためには、顧客ごとの状況にあわせた保障の必要性についての具体的な検討をはじめ、多様な商品・会社について顧客の主体的な検討を促すとともに、必要に応じて理解を深めてもらうための情報提供に徹するなど、顧客を中心に据えて、より納得感の高い選択を促すためにサポートしていく姿勢が必要なのではないだろうか。

２．「不満」の原因

　いわゆる不払問題後に始まった大手各社の既契約者への訪問活動や、医療関係特約の簡素化など、この５年ほどの間には、生保に対する消費者の理解を助ける（深める）ための様々な取り組みが進められてきた。このような取り組みを通じて、各社ともおおむね解約・失効率の低下などの経営的効果がみられるようになっており、加入者の満足度向上にも大きく寄与していることが想像される。実際に、定量調査においても、直近加入が2008年以降の加入者の満足度は全体で72％と、2007年以前の加入者（60％）に比べ高くなっている〈図表6-8〉。しかし、同調査においても2008年以降の加入者のうち３％が不満を表明していることは、引き続き彼らの不満を取り除く努力の必要性を示しているともいえそうである。そこで本節では、直近加入が2008年以降の加入者のなかでも不満層に着目し、満足層との比較から彼らの不満の原因を明らかにすることを試みる。

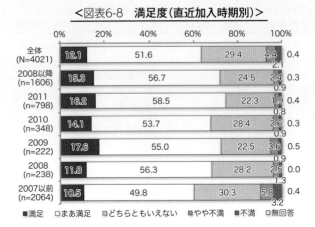

2-1.「不満」層の加入商品種類、保険料

　始めに、加入している保険種類および支払保険料についてみると、直近加入が5年以内の加入者が加入した保険種類は、全体では「第三分野」が50％で最も多く、ついで「死亡保障」が3割台となっている〈図表6-9〉。これを満足度別にみると、不満層では、満足層に比べ、「死亡保障」が18ポイント高く、「第三分野では11ポイント低くなっている。

　また、年間の支払保険料は、全体では満足層が112.6千円、不満層では128.7千円と16千円高くなっている〈図表6-10〉。これをさらに商品種類別にみると、第三分野では不満層が113.6千円と満足層（72.6千円）に比べ41千円高く、逆に死亡保障では満足層（151.5千円）が不満層（138.4千円）を13千円上回っている。

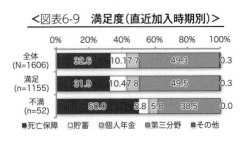

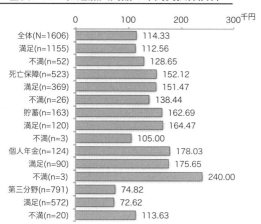

「死亡保障」の加入者の割合が不満層で高いことは、「第三分野」に比べて商品内容の理解が難しいという商品性が不満原因の一端となっている可能性を示しているようにも見える。死亡保障商品については、説明の際、さらなる工夫が必要といえるだろう。

2-2.「不満」層の加入検討プロセス

次に、前節でみた加入のきっかけでは、満足層が「ライフイベント」に次いで「生活設計・家計の見直し」が続くのに対し、不満層では「ライフイベント」に次いで「勧誘」、「なんとなく」の順と、満足層に比べ主体性や目的がやや不明瞭になっている様がみてとれる〈図表6-11〉。

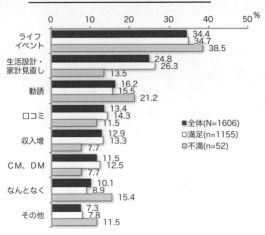

<図表6-11　加入検討のきっかけ>

　また、加入検討時の行動でも、すべての項目で満足層のほうが10ポイント以上高くなっており、特に「会社・商品の比較検討」、「会社・商品の検索」では21ポイント差と、差が大きい〈図表6-12〉。このような行動上の差異が満足度にも影響を与えているといえる。

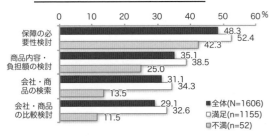

<図表6-12　加入検討時の行動>

　こうした行動上の差異の結果、加入時に理解していた項目についてみると、満足層、不満層とも、上位にはほぼ同じ項目があがっているものの、不満層では最も多い「自分にとって必要な保障」でも4割台に留まり、その他の項目はいずれも3割に満たないことから、不満層の多くはほとんどの項目について理解しないまま、加入を決定している状況にあるようである〈図表6-13〉。最終

的な決定要因についてみても、満足層では「保険料が妥当」が41％、「保険の内容が良い」が32％と全体の７割以上が商品性を決め手にしたと答えているのに対して、不満層では「営業職員の勧め」が33％で最も多く、「保険料が妥当」（23％）、「保険の内容が良い」（15％）となっている〈図表6-14〉。これらの結果から、不満層は満足層とは異なり、加入検討のきっかけや検討プロセスにおいて主体性に欠けており、売り手から勧誘された商品について、内容とのみあいではなく、保険料水準の値ごろ感で価格の妥当性を判断しているものと考えられる。

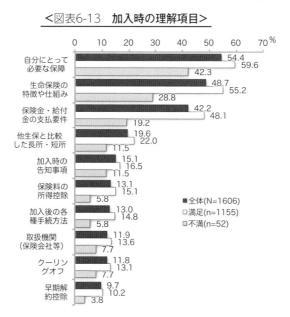

<図表6-13　加入時の理解項目>

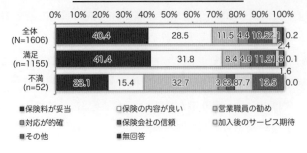

<図表6-14　最終的な決定要因>

2-3.「不満」層のロイヤルティ

　保険の継続意向に注目すると、「継続 計」の割合は満足層では92％に達しているのに対し、不満層では39％と大きく差が開いている〈図表6-15〉。同様に「非継続 計」の割合では、満足層が1％にも満たないのに対して不満層では27％と、解約控除や健康状態の変化などで乗り換えができなくなる可能性があるなどのスイッチバリアがあるにも拘わらず、現在の契約への不満が解約行動に結びつく可能性の高さがみてとれる結果となっている。

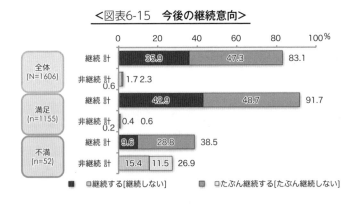

<図表6-15　今後の継続意向>

　この5年の間に加入した消費者が、不満を感じるようになった背景には、「営業職員の勧誘」をきっかけとして、自身では特に具体的な加入検討のための行動をとることもなく、内容についてほとんど理解しないまま、加入している様子がうかがえる。現状では、明確に不満を訴える消費者の割合は数％とごく僅

かであり、大多数の加入者は満足している。しかし少数とはいえ、不満層から苦情の申し出があればその対応には、時間的にも、精神的にも少なからず労力を割く必要があり、苦情が発生しなくとも、不満層では解約などの離反行動につながる可能性も高くなっていた。苦情や解約などのネガティブな行動を惹起させないためにも、安易にクロージングに持ち込むことなく、消費者には十分な説明を通じて加入の必要性についてじっくり考えてもらう必要があるといえる。また、引き続き満足度を高めていくためには、こうした顧客の不満を解消するための取り組みも、併せて求められている。

3. 生命保険に関する共有(Share)の状況

　従来、「『死』や『お金』について人前で語ることはタブー」、「死の準備について語るのは縁起がよくない」などといわれてきたように、営業の現場で売り手側からストレートに顧客の「死」について口にすることはなどもってのほかであるばかりでなく、消費者同士が「死」や死後を連想させる「生命保険」について話題にすることはないと考える人は多かったのではないだろうか。しかし、高齢化の進展や価値観の多様化に伴って、「生前葬」や「自然葬」など、自分の死後についても自分らしさを求める人が増えているように、「死」について語ること自体をタブーと考える風潮はかなり薄れてきているといえよう。

　「生命保険」についても、「死」を対象としない医療保険や個人年金などであれば前述のようなタブーに触れることもない。また、ＣＭの登場人物や音楽、内容など、抵抗を感じることのない話題も決して少なくないように思われる。会社側からみれば、会社や商品の認知度やブランド価値の向上につながるのであれば、むしろ積極的に話題にあがることを歓迎するところではないだろうか。

　消費者の日常生活において、身近な人との話題に「生命保険」がのぼることはあるのだろうか。また、話題にのぼるとしたら、どのような内容について話しているのだろうか。

　本節では、共有（Share）の段階において中核をなす、消費者間の情報共有の状況、具体的には、クチコミの発生と利用、消費者からの情報発信の状況に

ついて概観する。

3-1. 「生命保険」に関する口コミの発生状況

　定量調査から、「生命保険」が身近な人との話題にのぼったことがある人の割合をみると、全体では49％と約半数が話題にしており、「生命保険」について話題とすることはもはやタブーとはいえなくなっていることがわかる〈図表6-16〉。具体的な話題の内容についてみると、『加入内容』が26％で最も多く、『加入してもよい商品・会社』（20％）、『給付内容』（18％）の順となっている。具体的な内容でみると、「加入している保険」「支払保険料」が15％で共に最も多く、「保険金や給付金の額」（11％）が続く。生命保険への加入の有無別でみると、当然ながら加入者のほうが話題にしている割合が高く、『加入内容』『給付内容』『加入してもよい商品・会社』では10ポイント以上の差となっている。現在加入している商品や会社とあわせて、加入先として検討に値する商品や会社についても、日常会話の中で話題にあげられていることがわかる。

<図表6-16　身近な人とする生命保険の話題>

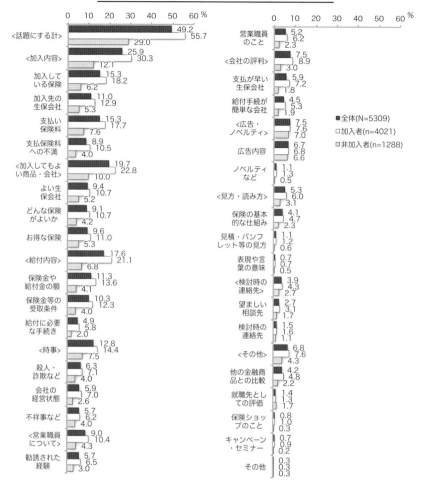

　性別にみると、総じて女性のほうが様々な話題について話している割合が高い傾向があり、年齢別では、30歳代で「加入してもよい商品・会社」「見方・読み方」「検討時の連絡先」が、50歳代以上で「給付内容」「時事」が、60歳以上で「加入内容」が、それぞれ相対的に高くなっている〈図表6-17〉。このように、性別や年齢により違いはあるものの、消費者は生命保険について様々な会話を交わしているようである。

3．生命保険に関する共有（Share）の状況　　97

<図表6-17　身近な人とする生命保険の話題（性別・年齢別）>

(%)

	N	話題にする計	加入内容	加入してもよい商品・会社	給付内容	時事	営業職員について	会社の評判	広告・ノベルティ	見方・読み方	検討時の連絡先	その他
全体	5309	49.2	25.9	19.7	17.6	12.8	9.0	7.5	7.5	5.3	3.9	6.8
男性	2686	44.4	21.4	15.4	14.7	12.5	8.5	6.3	6.7	5.2	3.6	5.8
女性	2623	54.2	30.5	24.1	20.7	13.0	9.5	8.7	8.3	5.4	4.1	7.8
20歳代	840	39.3	15.8	14.3	11.2	8.0	6.2	4.5	9.5	4.4	3.5	7.6
30歳代	1174	52.5	27.7	22.0	17.1	11.8	8.9	7.4	9.5	6.6	5.6	6.6
40歳代	1091	50.1	26.2	19.3	15.9	13.1	10.8	6.4	8.5	5.7	3.9	6.2
50歳代	1068	52.7	28.1	21.1	21.0	14.8	10.0	8.6	6.2	5.1	3.9	7.4
60歳以上	1136	49.0	29.0	20.3	21.5	15.1	8.3	9.8	4.1	4.7	2.3	6.3

　フォーカス・グループ・インタビューの結果から実際に消費者間で交わされた口コミの内容をみても、以下に示すように生命保険の種類や給付の条件、加入している保険の内容、加入経路など、様々な内容が話題としてあげられている様がうかがえる。

- 息子の友達がけがをした際、「１日目から出る」「通院12日目から出る」等、いろいろな保険があると聞いた（39歳女性）
- 「入院５日目からしか出ない保険は、３日で退院してしまったらもらえないから無駄だ」と聞いた（49歳女性）
- 会社の同僚に「生命保険は何に入っているか」「どうやって入ったのか」と聞いた（35歳男性）
- 「定年になるとそのまま保険料を払うのは難しいので、内容を変えたほうがいいのではないか」という話になる（59歳男性）
- 友達やその知り合いが本当に入院して、もっとかかったのを聞いた（43歳女性）

3-2. 口コミを利用する消費者の特徴

先にあげた発言のなかには、「年が少し上のパート仲間を自分からお茶に誘って、基本的なことを教えてもらった」「信用できる8歳年上の会社の同僚に相談した」のように、会社の同僚など生活様式等が似かよっていたり、子どもの年齢が同じなど、同様のライフステージにあるコミュニティメンバーのうち、少し年長者を相手に、普段の会話ではなく、具体的に相談をしている姿もみられた。

消費者は、加入している生保商品の保険料や保障内容が身近な人たちと比べて過不足ないか（不利ではないか）を確認している（認知的不協和の解消）。また、加入を検討するにあたり、有利な商品を見逃さないための情報源として、クチコミを活用している。しかし、こうした用途であれば、加入先の営業職員やコールセンターなど、より正確で専門的な情報源もある。加入を検討する際、候補となる会社や商品を知るうえで専門家やオフィシャルサイトなどを活用すればより正確な情報が得られるように思われる。消費者はなぜ、クチコミを利用するのだろうか。

消費者のクチコミが購買行動に与える影響については、社会心理学や消費者行動研究など、様々な学問領域において蓄積がなされており、その中では次のような指摘もなされている。

- 消費者は、広告からの情報よりもクチコミからの情報をより信頼する
- 不満を抱いた顧客は、満足した顧客よりも多くの人にクチコミをする

先のフォーカス・グループ・インタビューの例からは、消費者がクチコミを利用する背景として、発信者とは親しい間柄にあり頻繁に会うため、特に意識しなくても情報が得られる気軽さがあるうえ、以下の理由から安心感・信頼感を抱いている様子がうかがえる。

- 特定の会社に属していないため、会社のための情報ではなく、自分のための情報をくれる
- 親しい間柄なのでウソをつかれる心配がない
- 自分の家族構成や病歴、ガン家系だ、などのプライバシー情報を話しても問題がない（あるいは既にお互いに知っている）

では、このような口コミを利用する消費者は、どのような特徴があるのだろうか。先にみた身近な人との話題の内容について、生保加入者に限定して生命保険に対する知識の程度別にみると、総じて低知識層ほど様々な内容について話をしていることがわかる〈図表6-18〉。特に「加入内容」や「給付内容」、「加入してもよい商品・会社」では知識の程度による差が大きく、相対的に知識に乏しい消費者ほど、生保に関する情報を身近な人に求める傾向にあるようである。

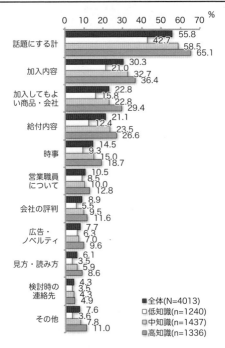

<図表6-18　身近な人とする生命保険の話題（知識水準別）>

3-3. クチコミ発信の状況と発信者の特徴

では、クチコミはどのような消費者から、どの程度発信されているのだろうか。クチコミの発信経験として、身近な人から聞いたよその人の経験談やウワサ話を他の人に伝えた経験の有無について尋ねたところ、全体では15％と、口コミを伝播させる人は２割に満たない〈図表6-19〉。性別では、女性で

17％と男性（13％）に比べ高く、年齢別では30〜50歳代で17％と高い。また、生命保険への加入の有無別では加入者で18％と非加入者（6％）に比べ高く、加入者について直近加入生保への満足度別にみると、満足層では20％、不満層では26％と、いずれも加入者全体よりは高いものの、不満層のほうがより多く発信していることがわかる。

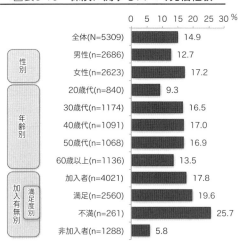

<図表6-19　保険に関する口コミ発信経験>

一方、2009年2月に実施した定量調査[9]の結果から具体的に自分が加入した商品や生保会社を推奨したり、逆に悪いところを話したりといった行動についてみると、優れている点を話したり、勧めた人数（推奨人数）は、平均で1.45人となっている〈図表6-20〉。性別にみると、男性では平均1.52人と女性（1.39人）に比べ若干多く、年齢別では20歳代で0.93人と1人を切って少なく、40歳代で1.75人と多くなっている。逆に、劣っている点や悪い印象を話したり掛け替えや解約を勧めた人数（非推奨人数）では、平均0.92人と推奨人数に比べ少ないものの、性別や年齢別の傾向は推奨人数と同様である。これを満足度別にみ

9　調査概要は以下のとおり。
　調査対象：20〜69歳の男女個人（日経リサーチ社登録モニター）
　調査方法：郵送調査
　有効サンプル数：4209サンプル（うち加入者3583サンプル）

ると、推奨人数は「満足」では平均2.38人、「まあ満足」では1.35人と、「満足」で突出して多くなっている〈図表6-21〉。一方、非推奨人数については、サンプルが限られるため参考値ながら「不満」で平均3.50人、「やや不満」で1.39人と、「不満」な人ほど多い。「満足（不満）」と「まあ満足（やや不満）」とでは、推奨人数、非推奨人数とも、差が大きくなっていることは、第1節でみた満足度と推奨意向との関係とも整合的である。十分な満足を獲得することは、行動ロイヤルティの面においても、重要な意味を持っているといえよう。また、悪評や解約の奨励を防ぐうえでは、少なくとも「不満」な状況には陥らせない、いわば水際で食い止める取り組みが重要であるといえるのではないだろうか。

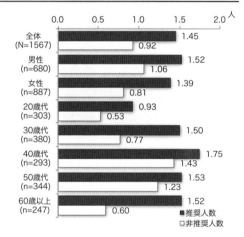

＜図表6-20　加入商品・会社の推奨・非推奨経験＞

<図表6-21 加入商品・会社の推奨・非推奨経験(満足度別)>

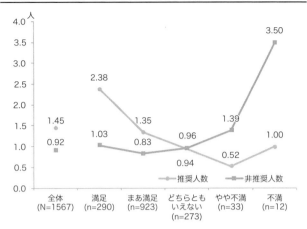

3．生命保険に関する共有（Share）の状況

4．アフターフォローはどれくらい重要か

　生命保険は一般の商品・サービスとは異なり、加入後も給付を受けるまで、もしくは契約満了までに数年から数十年もの長きに渡って加入し続ける必要があり、既契約者に契約を継続してもらうためには、適切なアフターフォローの活動が重要であるといわれてきた。こうした指摘には異論の余地はないと思われ、実際にいくつかの会社では、営業職員に対し、新契約の獲得だけでなく、既契約者へのアフターフォローの活動についても評価するような報酬体系への変更も行われているようである。

　では実際に、生命保険の加入者側では、このようなアフターフォローの活動についてどのように認識しており、既契約の維持・継続の意向に対してどのような活動が有効なのだろうか。本節では、加入者に対するアフターフォローの活動の内容とその効果に焦点をあて、アフターフォローの意義および有効な活動内容を明らかにすることを試みる。

4-1.アフターフォローの状況

　はじめに、直近加入の生命保険について、加入先の生保会社や営業職員・代理店から受けたサービス・情報提供の状況についてみると、「生保全般に関する相談」が23％で最も多く、「新商品・サービスの紹介」（22％）、「見直しに関する提案」（20％）の順となっている〈図表6-22〉。一方で、「該当なし、何も受けていない」は42％と、アフターフォローを受けていない者が4割にのぼっている。

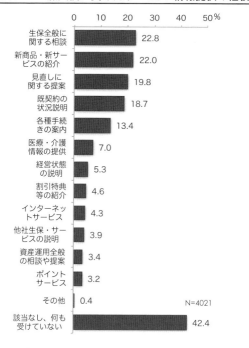

　主要な加入チャネル別にみると、プッシュ型のチャネルである営業職員・代理店ではほとんどの項目でその他のチャネルよりも高くなっている。一方で、直販チャネルでは総じて低く、郵送、インターネットでは「該当なし、何も受けていない」が5～6割と半数を超えて高い。また、郵送やインターネットと同様、プル型のチャネルである保険ショップ・窓口では、乗合型ショップで「生保全般に関する相談」や「他社生保・サービスの説明」が全体に比べ高いなど、加入チャネルにより、アフターフォローの活動状況には差があることがわかる〈図表6-23〉。一方、加入時期別では、時期に関わらず「該当なし、何も受けていない」は4割前後となっている。具体的なサービス・情報提供の内容をみても、特に傾向はみられないものの、2008年以降の加入者で「生保全般に関する相談」が、2002年以前の加入者で「見直しに関する提案」が、それぞれ高くなっている。加入した商品種類別では、死亡保障では「生保全般に関する相談」が

29％で最も多く、「新商品・新サービスの紹介」、「見直しに関する提案」が４分の１程度で続く。一方、個人年金では「既契約の状況説明」が24％で最も多く、第三分野では「新商品・新サービスの紹介」が最も多いものの20％に留まるなど、加入商品種類によってもアフターフォローとして受けているサービス・情報提供の内容は異なる様がみてとれる。

＜図表6-23　加入後に受けたサービス・情報提供の経験（主要加入チャネル別・加入時期別）＞

(%)

	N	生保全般に関する相談	新商品・新サービスの紹介	見直しに関する提案	既契約の状況説明	各種手続きの案内	医療・介護情報の提供	経営状態の説明	割引特典等の紹介	インターネットサービス	他社生保・サービスの説明	資産運用全般の相談や提案	ポイントサービス	その他	該当なし、何も受けていない
全体	4021	22.8	22.0	19.8	18.7	13.4	7.0	5.3	4.6	4.3	3.9	3.4	3.2	0.4	42.4
営業職員・代理店	1932	33.8	28.6	27.0	22.5	15.6	9.0	6.1	6.7	4.7	4.4	3.8	5.0	0.5	30.7
保険ショップ・窓口	420	21.7	18.1	16.9	16.0	12.9	6.7	5.7	2.6	3.6	7.1	2.9	1.7	0.0	43.6
うち専属のショップ・窓口	286	19.9	19.6	16.1	14.3	11.9	5.2	5.2	2.8	2.8	2.4	3.5	1.4	0.0	45.5
うち乗合型ショップ	134	25.4	14.9	18.7	19.4	14.9	9.7	6.7	2.2	5.2	17.2	1.5	2.2	0.0	39.6
直販チャネル	747	8.2	16.7	10.8	13.4	11.6	4.6	4.6	5.2	5.2	2.7	1.9	1.5	0.5	54.9
うち郵送	369	4.9	13.8	8.4	12.7	11.1	4.3	3.5	1.9	3.3	1.9	0.0	0.8	0.5	60.7
うちインターネット	270	8.9	15.6	11.1	14.4	12.6	4.1	4.1	2.2	8.9	3.0	3.7	1.9	0.4	55.6
うちコールセンター	108	17.6	29.6	18.5	13.0	11.1	6.5	9.3	7.4	2.8	4.6	3.7	2.8	0.9	33.3
2011以降	798	28.2	21.6	19.9	22.7	16.7	9.6	5.8	5.1	3.6	7.9	6.0	3.0	0.3	39.6
2008～2010	808	25.4	24.4	19.9	17.9	13.2	7.8	6.6	4.5	4.6	4.5	4.2	3.2	0.6	40.5
2003～2007	604	17.2	20.5	15.6	18.4	13.4	4.8	5.8	2.5	5.5	2.2	2.0	1.7	0.2	45.5
1998～2002	315	17.8	21.3	21.0	21.0	15.9	7.6	5.7	6.7	4.4	2.9	1.6	4.8	0.3	44.4
1997以前	1145	23.1	23.9	23.6	18.3	12.2	6.4	5.0	5.1	4.4	2.3	2.7	3.7	0.6	38.8
死亡保障	1544	28.6	25.3	24.5	19.0	12.8	7.8	5.7	6.0	3.6	3.6	3.6	3.6	0.4	37.2
貯蓄	404	25.2	18.3	14.1	15.1	10.9	3.0	4.0	3.2	4.7	3.2	4.7	2.7	0.5	48.5
個人年金	287	22.0	22.6	14.3	23.7	19.2	8.4	8.4	7.0	9.8	3.8	8.0	8.7	0.3	36.9
第三分野	1765	17.5	19.8	18.1	18.6	13.7	7.1	4.7	3.2	3.7	3.2	1.7	2.0	0.5	46.2

　サービス・情報提供の内容の組合せでみると、何らかのサービス・情報提供を受けた加入者のうち、「新商品・新サービスの紹介」と「見直しに関する提案」

および「既契約の状況説明」と「新商品・新サービスの紹介」がともに16%で最も多く、次いで、「生保全般に関する相談」と「新商品・新サービスの紹介」（15%）、「生保全般に関する相談」と「見直しに関する提案」（14%）、「既契約の状況説明」と「新商品・新サービスの紹介」（13%）の順となっている〈図表6-24〉。

<図表6-24　加入後に受けたサービス・情報提供の経験の組合せ>

(%)

N=2315	生保全般に関する相談	新商品・新サービスの紹介	見直しに関する提案	既契約の状況説明	各種手続きの案内	医療・介護情報の提供	経営状態の説明	割引特典等の紹介	インターネットサービス	他社生保・サービスの説明	資産運用全般の相談や提案	ポイントサービス
生保全般に関する相談	39.6	14.6	14.3	11.4	7.7	6.3	4.9	3.7	1.6	4.5	3.0	2.1
新商品・新サービスの紹介	14.6	38.1	16.3	13.0	8.8	5.6	5.0	4.7	2.9	2.6	2.6	3.3
見直しに関する提案	14.3	16.3	34.5	15.5	8.4	5.5	3.5	3.8	2.6	3.2	2.6	3.2
既契約の状況説明	11.4	13.0	15.5	32.5	9.1	5.1	4.0	3.5	2.9	2.9	2.7	2.8
各種手続きの案内	7.7	8.8	8.4	9.1	23.3	3.5	2.9	2.7	2.7	2.1	1.4	2.2
医療・介護情報の提供	6.3	5.6	5.5	5.1	3.5	12.2	2.2	2.2	1.0	1.8	1.6	1.0
経営状態の説明	4.9	5.0	3.5	4.0	2.9	2.2	9.2	2.1	1.1	2.1	1.5	1.7
割引特典等の紹介	3.7	4.7	3.8	3.5	2.7	2.2	2.1	7.9	1.1	1.2	1.5	1.7
インターネットサービス	1.6	2.9	2.6	2.8	2.7	1.0	1.1	1.1	7.4	0.3	0.4	1.9
他社生保・サービスの説明	4.5	2.6	3.2	2.9	2.1	1.8	2.1	1.1	0.3	6.8	1.0	0.5
資産運用全般の相談や提案	3.0	2.6	2.6	2.7	1.4	1.6	1.5	1.5	0.4	1.0	5.9	0.8
ポイントサービス	2.1	3.3	3.2	2.8	2.2	1.0	0.9	1.7	1.9	0.5	0.8	5.5

4-2. アフターフォローの成果

このようなアフターフォローの活動を受けた結果として、直近加入の生命保険に対する満足度、継続意向の状況をみると、満足度は活動内容のいかんに拘わらず、「該当なし、何も受けていない」（54%）に比べ高く、特に「他社生保・サービスの説明」では80%、「インターネットサービス」、「既契約の状況説明」

4．アフターフォローはどれくらい重要か　　107

では79％、「各種手続きの案内」、「医療・介護情報の提供」、「経営状態の説明」、「割引特典等の紹介」では78％、「資産運用全般の相談や提案」、「生保全般に関する相談」では77％と差が大きくなっている〈図表6-25〉。これを「満足」に限定してみると、「他社生保・サービスの説明」、「医療・介護情報の提供」では2割を超えて高くなっている。継続意向についても同様に、活動内容のいかんに拘わらず「該当なし、何も受けていない」（76％）に比べ高く、特に「インターネットサービス」、「各種手続きの案内」では90％、「医療・介護情報の提供」「既契約の状況説明」では89％、「資産運用全般の相談や提案」では88％と差が大きくなっている。「継続」に限定してみると、「各種手続きの案内」「医療・介護情報の提供」がいずれも44％で最も高い。

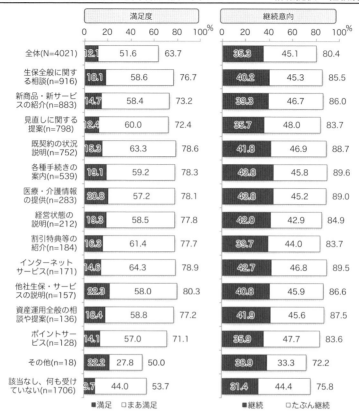

　これを、図表6-24でみた受けたサービス・情報提供の実施率5％以上の組合わせ別にみると、満足度は「生保全般に関する相談」と「各種手続きの案内」で90％と最も高く、「生保全般に関する相談」と「既契約の状況説明」（88％）、「既契約の状況説明」と「医療・介護情報の提供」（86％）、「新商品・新サービスの紹介」と「医療・介護情報の提供」、「見直しに関する提案」と「医療・介護情報の提供」（いずれも85％）が続く〈図表6-26〉。「満足」に限定してみても最上位は「生保全般に関する相談」と「各種手続きの案内」で28％となっている。また、継続意向は「既契約の状況説明」と「医療・介護情報の提供」で93％と最も高く、「生保全般に関する相談」と「各種手続きの案内」、「新商

品・新サービスの紹介」と「医療・介護情報の提供」（いずれも93％）、「生保全般に関する相談」と「既契約の状況説明」（92％）、「既契約の状況説明」と「各種手続きの案内」（92％）の順で続く〈図表6-27〉。「継続」に限定してみると、若干の順位の変動はあるものの上位には同じ項目があがっている。満足度、継続意向の双方で上位にあげられるサービス・情報提供の内容をみると、「新商品・新サービスの紹介」以外は、既契約の内容や付帯サービスに関する情報と一般的なものとに分かれるものの、いずれも情報提供であり、「見直しに関する提案」のように直截的な募集活動ではない点には留意すべきであろう。

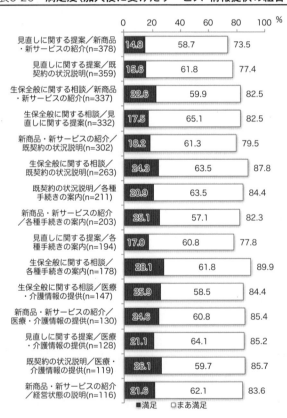

＜図表6-26　満足度（加入後に受けたサービス・情報提供の組合せ別）＞

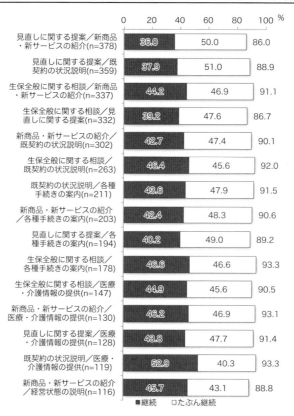

<図表6-27　継続意向(加入後に受けたサービス・情報提供の組合せ別)>

　このように、満足度や継続意向を高め契約を維持するうえで、アフターフォローは必須の活動ではあるものの、その内容によって効果のほどは異なっており、「新商品・新サービスの紹介」や「見直しに関する提案」といった実施率の高い活動では限定的な効果に留まっている。このことは、こうした活動が加入者側には「単なる売り込み」と映り、かえって敬遠される結果となっている可能性がうかがわれる。

　これらの結果は、アフターフォローの効果を最大限発揮させるためには、顧客側の受け入れやすさに配慮するとともに、敬遠されることのない、良好な関係の構築が重要であることを示唆しているといえるのではないだろうか。

第2部

消費者セグメントと
加入検討プロセス

第1章　生命保険の加入状況と消費者異質性

1．消費者の加入検討プロセスの変化

　第1部では、近年の消費者の購買行動を示したAISCEASの法則に沿って、消費者の生命保険への加入検討プロセスについて確認してきた。AISCEASの法則は、消費者の購買行動を、認知した商品やサービスについて興味を持ったらその場で検索し、比較・検討して購入、購入後には他の消費者と情報を共有する、と整理したものであるが、これまでの各章において示してきたように、近年、消費者は、生命保険の加入検討行動においても、ほぼ同様の行動をとっているといえよう〈図表1-1〉。

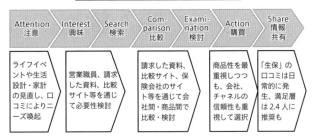

＜図表1-1　AISCEASの法則＞

出所：「アンヴィコミュニケーションズ社Webサイト」より筆者作成

　しかし現状では、必ずしもすべての消費者が、AISCEASの法則が示すように自ら主体的に情報を集め、比較検討して加入するというわけではない。また、加入する生命保険の種類や、接触するチャネルによっても、各プロセスにおける行動は異なり、主体的に検討を進める消費者であっても、検討段階の中で営業職員や代理店など「人」を頼りたいタイミングがあることも示された。加入検討のプロセスを消費者自ら主体的に進めてきたかどうかで、加入商品への理解度や保険料への納得感は異なり、その後の満足度や継続意向も左右されるものの、すべての情報を収集し、内容への理解を深めて最終的な意思決定を行う

ところまで、専門家の助けを借りずに完結できる消費者はごくわずかであると思われる。しかし、第1部でも随所で示してきた加入検討プロセスにおける四つのプロセスの実施率を直近加入時期別にみると、いずれのプロセスについても、おおむね最近の加入者ほど実施率が高くなっていることから、生命保険の加入検討行動において主体性をもつ消費者は徐々に増えてきているといえよう〈図表1-2〉。このことは、AISCEASの法則が示す、すべての行動をとる消費者は今後さらに増加し、従来のような売り手主導の販売手法では早晩、ビジネスとして立ち行かなくなっていく可能性があることを示唆している。消費者の変化に適応していくためには、彼らの行動やその背景にある意識について深く理解していくことが求められているといえよう。

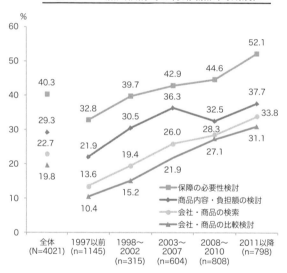

＜図表1-2　加入検討時の行動（加入時期別）＞

2．消費者セグメントと加入検討行動

　消費者が必要とする情報を、適切なタイミングを図りつつ、彼らの金融・保険に関するリテラシーの程度に応じて提供し、信頼感を醸成するなかで契約を獲得し、顧客との関係を維持・向上していくためには、これまでみてきたよう

な加入検討プロセスに加え、消費者を様々な観点からセグメント化し、それぞれの意識・行動特性について理解を深めることも肝要であると思われる。第2部では、こうした観点から、いくつかの要素により消費者をセグメント化し、特徴的なセグメントにおける消費者の意識・行動面での特徴について、概観していく。

次節以降ではまず、わが国における生命保険の普及率の高さを鑑み、世帯普及率でみるとすでに飽和状態にあるようにみえるなかで生じている差異に焦点をあてる。従来、金融経済教育を受ける機会はごく限られたものであり、多くの消費者にとって、金融・保険リテラシーは、過去の取引経験の蓄積に基づいて形成されてきたものと思われる。このことは、消費者の検討プロセスの多様性が、個々の消費者により異なる加入履歴に基づくリテラシーの差異によりもたらされている可能性を示している。一方、高普及率のなか、少数派ながら存在している生命保険に加入していない消費者についても、その属性的特徴や、加入していない理由は、一様ではないものと思われる。これらの一連の分析は、生命保険加入者を細分化し、検討プロセスの差異を明らかにする前段として、国内の生命保険市場の全体像に対する理解を深める一助となるだろう。

続く第2章では、生命保険、特に死亡保障は世帯財としての性質が強く、ライフステージと密接な関係にある点を鑑み、消費者のデモグラフィック属性に基づくセグメンテーションのもと、特に若年層および家族形成期にある30〜40歳代の動向について詳細に確認していく。第1章における分析と併せ、消費者像を描きやすい基本的な属性に基づく分析を通じて各セグメント間の差異を明らかにすることはコミュニケーション戦略や商品開発上のヒントを探るうえで、貴重な情報となるのではないだろうか。

また、第3章では、消費者の生命保険に関するリテラシーの格差に焦点をあてる。わが国では金融リテラシー向上に向けた取り組みはまだ緒についたばかりであり、多くの消費者は、生命保険についても十分なリテラシーのレベルにないなかで、様々な意思決定を行っている。一方で、インターネット環境の拡大とともに、消費者の情報探索コストは劇的に低下していることから、加入検討プロセスにおいて同じ情報探索行動をとっていたとしても、金融・保険に関

するリテラシーの程度により、探索する情報の内容や理解の程度は異なるものと思われる。

第4章では視点を変え、高齢化が進むなか、高まってきた医療保障・老後保障の両ニーズに着目し、商品種類による加入検討プロセスの異同を明らかにするとともに、近年のチャネル多様化のなかで、急速に存在感を増してきた来店型の保険ショップが消費者に支持されている理由を探っていく。チャネル間の差異を確認していくことで、消費者の保険会社等、売り手側に対する期待の所在が示されるだろう。

3. 生命保険加入の状況

2012年9月に公表された生命保険文化センターが実施した「平成24年度生命保険に関する全国実態調査」によれば、生命保険の世帯加入率は91%と高い水準を維持し続けている〈図表1-3〉。一方、同センターの「平成25年度生活保障に関する調査」によれば、個人加入率は男性で82%、女性で84%となっている〈図表1-4〉。このように生保市場がほぼ飽和状態にある中では、新規の見込み客といっても、ほとんどが何らかの保険に加入しており、その中で追加加入や転換・乗換を訴求していくことになるのではないだろうか。本節では、既契約がある中での、生保加入者の加入検討の状況および非加入者の特徴について確認していく。

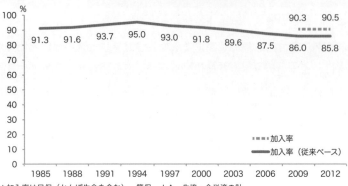

<図表1-3　世帯加入率の推移>

＊加入率は民保（かんぽ生命を含む）、簡保、ＪＡ、生協・全労済の計
＊加入率（従来ベース）は民保（かんぽ生命を含む）、簡保、ＪＡの計
出所：（公財）生命保険文化センター「平成24年度　生命保険に関する全国実態調査」

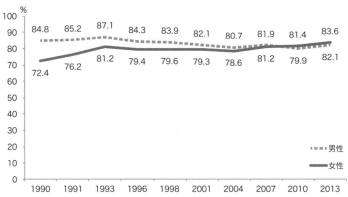

<図表1-4　生命保険加入率の推移>

＊2010年調査以降の民保はかんぽ生命を含む
出所：（公財）生命保険文化センター「平成25年度　生活保障に関する調査」

3-1.既契約があるなかでの加入検討の状況

　まず、定量調査より、直近加入が５年以内の回答者に限定し、直近加入の生命保険への加入の経緯についてみると、全体では他に既契約を持たない「純新規」が21％となっている〈図表1-5〉。既契約がある中での加入者では「追加加入」が29％であり、約半数が「転換」（21％）や「乗換」（26％）、すなわち既契約の全部または一部を解約して保障内容を整理していることがわかる。これ

を性別にみると、男性では「乗換」が、女性では「追加加入」が、それぞれ全体に比べ高くなっている。また、年齢別では若年層ほど「純新規」が高く、20歳代では半数以上が、30歳代でも３割が「純新規」となっている。

このように、加入の経緯が異なるなかで、加入検討のきっかけについてみると、純新規では「ライフイベント」が58％と約６割を占めて多く、転換、追加加入では「ライフイベント」に次いで「勧誘」、「生活設計・家計の見直し」が多くなっている〈図表1-6〉。また、乗換では「生活設計・家計の見直し」(30％)と「ライフイベント」(28％)が拮抗しているなど、加入の経緯によって加入検討のきっかけは異なっていることがわかる。このほか乗換では、「ＣＭ（テレビ等のコマーシャルメッセージ）、ＤＭ（ダイレクトメール）」も２割を超えており、広告や生活設計を契機とした自発的な見直し行動が高くなっている点で特徴的である。

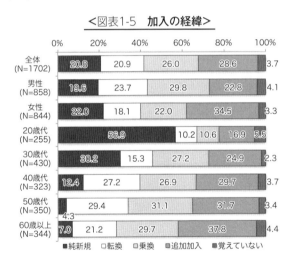

３．生命保険加入の状況

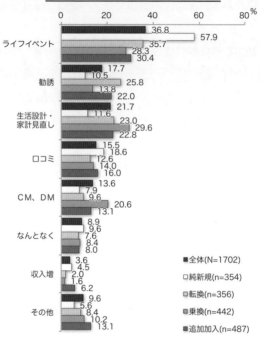

<図表1-6　加入検討のきっかけ>

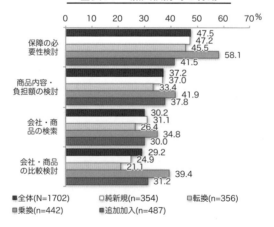

<図表1-7　加入検討時の行動>

一方、加入検討時の行動についてみると、乗換層ではすべての行動で実施率が高く、純新規や転換、追加加入に比べ加入に際して特に慎重に検討を進めていることがうかがえる〈図表1-7〉。利用した情報源についてみると、全体では「比較サイト」（26％）、「営業職員」（25％）、「請求した資料」（20％）の順に多く、加入の経緯別では、純新規で「家族、友人等の話」が高く、転換では「営業職員」が高い〈図表1-8〉。また、乗換では「ＦＰ」が、追加加入では「保険会社のサイト」が、それぞれ高くなっている。その結果、加入チャネルについては、いずれの層でも「営業職員」が最上位となっているものの、乗換では「直販チャネル」も3割弱と高くなっている〈図表1-9〉。

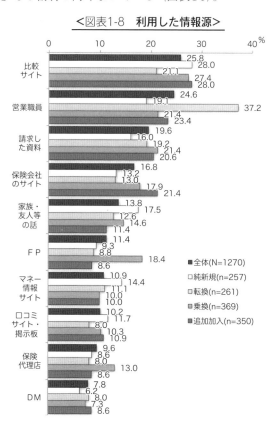

＜図表1-8　利用した情報源＞

3．生命保険加入の状況

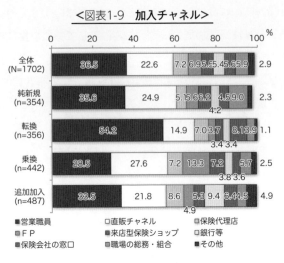

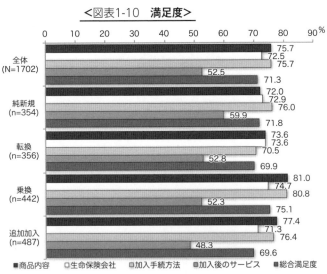

　また、満足度についてみると、純新規では「加入後のサービス」については他層に比べ高いものの、その他の項目では平均的な水準に留まっている〈図表1-10〉。一方、乗換層では「商品内容」「加入手続方法」「生命保険会社」のいずれについても、全体に比べ満足度が高い。これらは、乗換前の契約内容や会社に対する不満を反映したものとも考えられることから、若干割り引いてみる

必要はあるものの、商品や会社に対する高い満足度が、継続率の向上や将来的な追加加入、紹介などにつながる可能性を秘めていることを鑑みれば、他社への顧客流出の危険性には、十分注意しておく必要があるといえよう。

　ただし、生命保険に対する考え方では、乗換層では「加入する会社は目的に応じて使い分けたい」や「一番安い保険を徹底的に探す」、「特徴を比較して加入する」で高くなっていることから、商品性や保険料の妥当性についてはかなりシビアにみているものと思われる〈図表1-11〉。一方で、純新規では「加入する時、期待通りか心配」のほか、「詳しい人に尋ねてから加入する」や、「複数の会社とつきあうのはめんどう」などで高くなっている。加入検討の契機となるライフイベントにあわせてうまく接点をもつことができれば、将来的な転換や追加加入をも期待できるものと考えられるのではないだろうか。

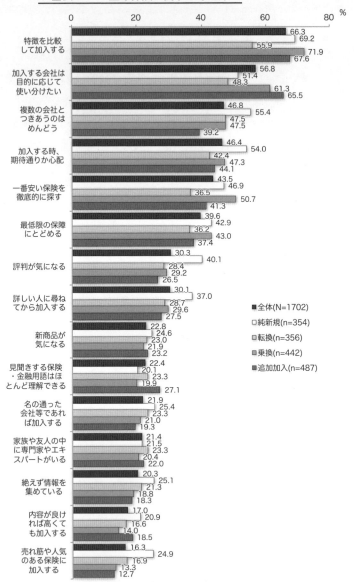

<図表1-11 生命保険に関する考え方>

このように、これまでに保険への加入経験がない新規の加入者と、乗換や転

換での加入者とでは、加入のきっかけや加入検討の行動、利用する情報源などが大きく異なり、特に乗換による加入者では、加入後の満足度は全般に高くなっていた。また、加入検討のきっかけは自発的であり、検討行動自体も慎重に進めていることも示された。乗換層は、売り手側からすれば、一見、クロージングまでに時間がかかり難しい顧客層に見えるものの、自ら必要性を認識している分、ニーズ喚起が不要であるともいえよう。このような前提に立てば、決して難しい消費者とはいえないのではないだろうか。将来にわたって長くつきあっていける関係を作っていくためにも、生命保険の必要性について、正面からじっくり話す機会を積極的に作ってくことが肝要といえよう。

3-2.非加入者の状況

前述のとおり、生命保険加入率は極めて高く、生保市場がほぼ飽和状態にある。しかし、生命保険の非加入者は男女ともおよそ2割、世帯単位では約1割存在しており、生命保険会社にとっては彼らの取り込みも重要な課題となっているものと思われる。性・年齢別にみると、男女とも20歳代の加入率の低さが際立っているものの、30歳以上でも加入率は8～9割となっている〈図表1-12〉。30歳代以上でも非加入者は1～2割と、ある程度以上の年齢になれば誰でも加入するというわけではないことがわかる。

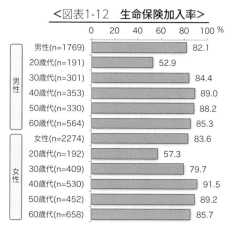

<図表1-12　生命保険加入率>

出所:(公財)生命保険文化センター「平成25年度　生活保障に関する調査」

生保の販売活動は伝統的に、「必要性を喚起して保障ニーズを掘り起こし加入に結びつける」こと、といわれてきた。しかし、第一部でも取り上げたように、加入者の中には自ら必要性に気づき、加入に至ったという人が一定割合存在しており、近年、こうした主体的に検討し、加入する消費者は増加傾向にある。では、非加入者は、自ら生命保険の必要性に気づいたり、ニーズ喚起されたこともない人たちなのだろうか。

非加入者の過去の経験から整理してみると、①未加入者（加入したことも加入を検討したこともないまったくの未加入者）、②検討のみ経験者（加入の検討経験はあるものの、加入したことがない者）③過去加入者（以前加入していたものの満期や解約などで非加入となっている人）の三つに分けることができる〈図表1-13〉。非加入者全体に対する比率をみると、①未加入者が52％、②検討のみ経験者が21％、過去加入者が26％と、非加入者のうち4人に1人は、過去には加入していたが、「たまたま現在加入していないだけ」という状況にあるようである。また、いったんは検討するものの、最終的な加入に至らない

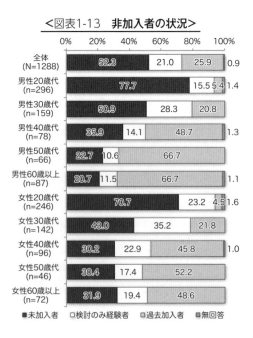

<図表1-13　非加入者の状況>

ままとなっている者も2割にのぼっており、こうした脱落者を取りこぼすことなく拾い上げていくための取り組みも重要であるように思われる。

このような過去の経験を、さらに性・年齢別にみると、男女とも高齢層ほど過去加入者の割合が高い傾向にあり、男女とも40歳以上では未加入者よりも多くなっている。また、検討のみ経験者は男女とも30歳代で3～4割と高くなっている。

フォーカス・グループ・インタビューでも、過去の加入経験を経て非加入になった理由が語られている。

高齢者では——

- 満期金が、給料の数カ月分にしかならず、バカらしいと感じた（65歳男性）
- 自分が56歳でガンになったが、給付金が少なかったので『保険は無駄』と思った（60歳女性）
- 夫の保険の満期金がすごく少なく、『保険はこんなものか』と感じた（68歳女性）

一方、若年層では——

- 見積もりでは、払う分よりもらう分が少なさそうで、元が取れないイメージがある（31歳女性）
- 自分の会社の保険しか勧めないし、保険会社の利益になるような商品を勧める（33歳女性）

このように様々な理由により加入以前の段階で留まっている者や、自ら非加入を選択する者がみられている。一方で、高齢層でも、以下に示す通り健康状態への自信から、未加入を通してきた者もいるようである。

- ずっと医者にかかったことがないので、加入しない方が得だと思ってきた（62歳男性）
- ずっと健康で医者にかかったことがない（65歳女性）

その反面、自身の体験から営業職員への不信感を抱き、解約してしまった若年層も存在している。

- （保険を）止めたのは、不信感があったからだ。提案してくる内容は、私のためではなく、成績を上げるための提案で、メリットしか言わず、

3. 生命保険加入の状況　　127

リスクを話さないと感じたからだ（31歳男性）

　このように非加入に至る理由は年齢やライフステージよりも、過去にどのような経験をしたかにかかっているように見受けられる。

　実際に非加入理由をみると、未加入者、検討のみ経験者、過去加入者のいずれも、第1位は「保険料を支払う余裕がない」となっている〈図表1-14〉。一方、第2位以降は、過去加入者が「保険料が高いから」、「役に立つかどうかわからない」、「加入していなくても大丈夫そう」と、保険料と効用への疑問を挙げているのに対し、未加入者では「役に立つかどうかわからない」、「なんとなく面倒」、「保険料が高い」の順、検討のみ経験者では「保険料が高い」、「役に立つかどうかわからない」、「なんとなく面倒」の順と、保険料と効用への疑問に加えて、検討を敬遠する意識も挙げられている。未加入者、検討のみ経験者、過去加入者の生命保険についての知識を加入者と比較すると、いずれも加入者に比べ低く、特に未加入者では「低知識」が50％と低くなっていることから、効用への疑問や検討を敬遠する意識は知識のなさに起因しているものと考えられる〈図表1-15〉。

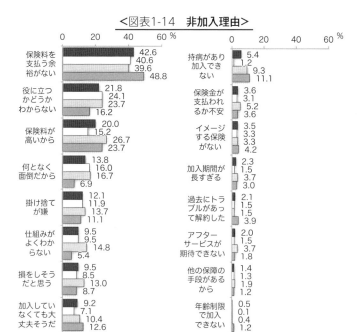

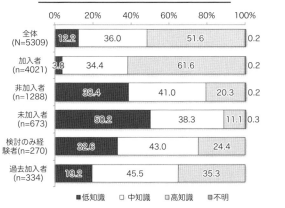

3．生命保険加入の状況　　129

では、彼らは今後も生命保険に加入することはないのだろうか。

非加入者の今後の加入意向をみると、未加入者では12％、検討のみ経験者では43％、過去加入者では33％となっている〈図表1-16〉。また、フォーカス・グループ・インタビューでは、健康状態への不安から加入を考えるという声が聞かれている。

- 献血したら、肝臓の数値に問題があり、自分の血液が使えないといわれ、そういう年代になったのかと感じて（31歳男性）
- 大学生の友人が入院しているが、そうなると医療保険に入れなくなるので、健康なうちに加入しておいたほうが良いと聞いた。お酒を結構飲むので肝臓が心配（31歳女性）

また、身近な人の病気が加入を考える契機になるケースもある。

- 最近、同僚が子宮筋腫とヘルニアで入院した（33歳女性）
- 友達が入院した（33歳女性）

一方、過去加入者では、次のように、加入意向はあるものの健康上の理由から加入できないとの声も聞かれている。

- 加入していた保険が満期になり、この年齢では、ほとんど、どこにも加入できない（68歳男性）

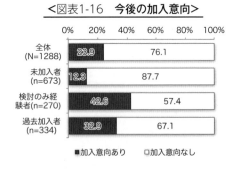

＜図表1-16　今後の加入意向＞

第1部でみたように、加入者の加入検討のきっかけでは、ライフイベントや生活設計・家計の見直しが主要な契機となっていた。非加入者でも同様に、自身のライフイベントや生活設計、身近な人の経験談などを契機として加入を意識するようになるものと思われる。先述のとおり、非加入者が生命保険の加入

を考えるようになっても、彼らの知識の低さが加入をためらわせる可能性は高い。実際に、加入意向がある者の割合を非加入理由別にみると、「仕組みがよくわからない」が40％で最も多く、「保険料が高いから」（27％）、「自分が加入する必要がない」（26％）の順で続く（図表1-17）。過去の経験別にみると、検討のみ経験者、過去加入者のうち「仕組みがよくわからない」層では半数以上が加入意向を示している。検討のみ経験者ではこのほか「加入していなくても大丈夫そうだ」、「何となく面倒だから」でも加入意向が半数を超えている。

一見遠回りのようではあるが、生命保険に関する情報をわかりやすく伝え、正しい知識を持ってもらうことが非加入者を生保加入に導く一番の近道となるのではないだろうか。

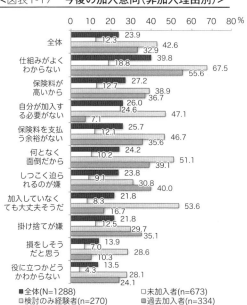

＜図表1-17　今後の加入意向（非加入理由別）＞

第2章 デモグラフィック属性に基づくセグメンテーション

　生命保険、特に死亡保障は世帯財としての性質が強く、ライフステージと密接な関係にある商品である。

　本章では、生命保険のエントリーユーザーである若年層、および家族形成期にある30〜40歳代に焦点をあて、彼らの加入状況と意識について詳細に確認していく。

1．若年層の生命保険加入状況

　前章でも触れたように、男女とも20歳代では生命保険加入率が5〜6割と、30歳代以上に比べ顕著に低くなっている〈図表2-1〉。時系列でみると、男女とも40歳代以上ではほぼ横ばいで推移しているのに対し、男性20歳代では90年代前半には7割前後であった加入率が90年代後半以降、低下傾向を示し、直近では90年代前半に比べ、約15ポイント低くなっている。また、男性30歳代では90年代の9割台から8割台へと、女性20歳代でも同じく7割前後から6割弱へと、それぞれゆるやかに低下している。このように、若年層において生命保険加入率が低下している背景には、少子化による若年人口の減少や、晩婚化に加え、職域への立ち入りが困難になったことや、雇用が不安定であり正規就業者（正社員）に比べ相対的に所得水準の低い非正規就業者の増加といったこともあるのではないかと考えられる。本節では、若年層の取り込みに向けた示唆を得ることを目的として、若年層の生命保険の加入状況およびその背景要因となる貯蓄・投資行動や意識について確認していく。

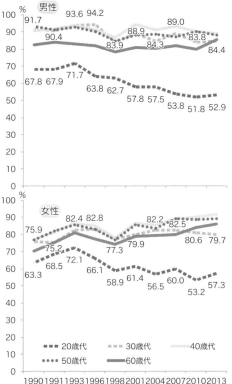

<図表2-1 生命保険加入率の推移>

出所：(公財)生命保険文化センター「平成25年度 生活保障に関する調査」より作成

1-1. 若年層の加入実態

はじめに、総務省統計局の労働力調査から、25〜34歳の雇用者全体（役員を除く）における非正規就業者の割合をみると、90年代後半から2004年ごろにかけて急激に増加し、近年では男性では１割台、女性では４割前後で推移している〈図表2-2〉。また、2009年の全国消費実態調査でも、30歳未満の非正規就業者の賃金水準は、男性では、正社員の25.3万円に比べ、パート・アルバイトは21.7万円と、月額で４万円ほど低くなっている〈図表2-3〉。一方、女性では、正社員24.5万円に対して24.6万円と差はみられない。男性では、正社員

として採用されるか否かが、収入の多寡を大きく左右していると考えられよう。

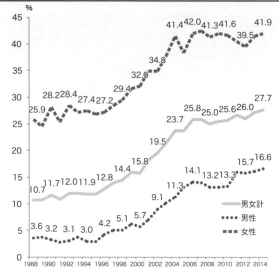

＜図表2-2　役員を除く雇用者全体に占める非正規雇用者の割合（25～34歳）＞

出所：総務省統計局「労働力調査」より作成

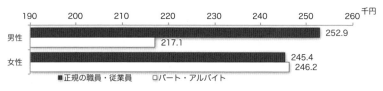

＜図表2-3　単身勤労者世帯の1か月あたり勤め先収入（30歳未満）＞

出所：総務省統計局「2009年度　全国消費実態調査」より作成

　では、非正規就業者の生命保険への加入実態はどのようになっているのだろうか。定量調査から、生命保険の加入率をみると、全体では民間の嘱託・派遣・契約等の非正規就業者（非正規）が73％と正規就業者（民間の正社員・正職員）（82％）に比べ9ポイントほど低くなっている〈図表2-4〉。性・年齢別にみると男性では非正規の加入率は、20歳代では22％と正規（49％）に比べ極めて低く、30歳代では65％（正規：80％）、40歳代では68％（正規：91％）と加齢とともに加入率が高まるものの、それぞれ同世代の正規就業者に比べ10ポイント以

上低くなっている。女性についても同様に、20歳代で41%（正規：63%）、30歳代で69%（正規：82%）、40歳代で75%（正規：89%）と、正規・非正規とも加齢とともに加入率が上がるものの両者の差は年齢に拘わらず10ポイント以上開いている。これらの結果は、男性では特に、先にみた賃金水準の格差が加入状況をも左右している可能性を示唆しているといえよう。

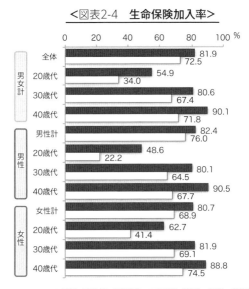

＜図表2-4　生命保険加入率＞

　加入者に限定して、加入している商品の種類（保有契約）についてみると、全体では非正規は「死亡保障」が62%と正規（76%）に比べ10ポイント以上低くなっているのに対し、「第三分野」では76%（正規：72%）と同程度の水準となっている〈図表2-5〉。性・年齢別にみると、男性では「死亡保障」の加入率が63%と正規（81%）に比べ低く、女性では「個人年金」が20%と正規（29%）を9ポイント下回っている。また、女性の40歳代では「第三分野」が77%と正規（64%）を10ポイント以上上回り、「個人年金」が20%と正規（37%）を大きく下回っている。

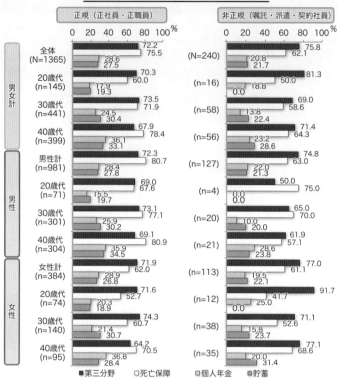

　年間の支払保険料についてみると、全体では正規の21.9万円に対し、非正規では16.7万円と約5万円低くなっている〈図表2-6〉。性・年齢別にみると、男性では30歳代で10万円の差（正規：19.4万円／非正規：9.4万円）、女性では40歳代で7.2万円の差（正規：20.8万円／非正規：13.5万円）となっている以外は、大きな差異はみられない。

　このように、正規就業者と非正規就業者とで支払保険料に差異が生じている要因は、男性30歳代、女性40歳代における加入状況の差異、すなわち、男性では死亡保障の、女性では個人年金や第三分野の、加入の状況が異なっていることにあるものと思われる。

　このような男性の正規・非正規間の差の背景には、特に男性における非正規

の未婚率の高さがあると考えられる。同調査でも、男性では正規就業者に比べ非正規の未婚率が高く、20歳代男性では正規就業者の未婚率が79％に対し、非正規では94％、30歳代では正規就業者40％に対し、非正規では77％、40歳代では正規就業者33％に対し非正規では48％と、非正規では40歳代であっても約半数が未婚となっている〈図表2-7〉。

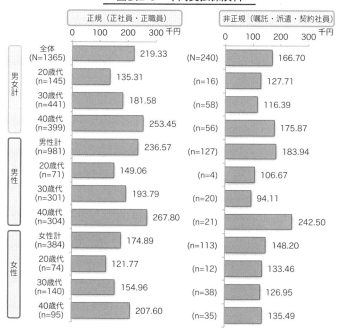

<図表2-6　年間支払保険料>

未婚の若年男性に対するフォーカス・グループ・インタビューでも、

- 「今は関心ない。生命保険は自分が何かあったときの保険なので、結婚してからでいいのではないかと思う」（27歳：正社員）
- 「家庭ができたら入ると思う。守るものができ、自分に何かあったら…と思うので」（30歳：派遣社員）

など、結婚まで加入や検討を先延ばしする声が多く聞かれている。また、既婚の若年男性からも、

- 「結婚するちょっと前に親に勧められて入った。親に勧められなかった

ら入っていなかったと思う」(31歳：正社員)
- 「会社に入ったとき営業職員の勧めで入った。今思うと結婚してからでよかったと思う」(27歳：正社員)

などの声もみられることから、加入の契機として「結婚」が大きな位置を占めていることがわかる。

若年層、特に男性にとって、生命保険（死亡保障）とは、「結婚したら加入するもの」という認識が根強くあり、そのことが逆に、「結婚するまでは加入したり、検討する必要のないもの」といったイメージにつながっているといえるのではないだろうか。

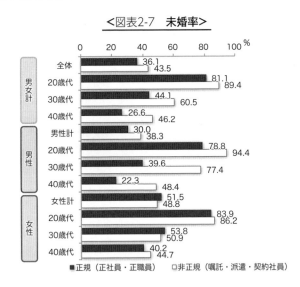

<図表2-7　未婚率>

1-2. 若年層の貯蓄・投資行動と意識

このように、若年層においては、彼らの所得の状況や雇用の状況により、生命保険の加入状況およびその背景要因となる婚姻の状況は異なっている。では、彼らの貯蓄志向やその他ライフスタイル、彼らの貯蓄・投資行動や生活不安の程度はどのようになっているのだろうか。

若年層を対象に実施したフォーカス・グループ・インタビューでは、
- 「将来が不安。一人で生きていくことになったらどうしよう？　と思い、

マンションを買おうと頭金をコツコツ貯金している」(31歳女性)

- 「不安はあまりない。経済的に備えるしかないので、年100万円は貯まるように天引きで貯金している」(27歳男性)

というように、将来の結婚や家族形成を視野にいれて、また、結婚せず一人で生きていくために、貯蓄に励もうとする声や、

- 「将来のための貯蓄も大事だと思うけどまだ守るべき家庭や子どももいない。自分のために時間やお金を使えるのは今だけ」(25歳女性)
- 「結婚できる気がしない自分が不安。結婚などしなくていいと思っている」(29歳男性)

と、今の生活の充実を優先する声が聞かれており、若年層といっても、ひとくくりにはできないことがわかる。これら一連の発言を整理してみると、将来の結婚や家族形成を視野にいれている、いわば伝統的な家族観を持つグループと、そもそも結婚すらしない（できない）と考えるグループがあるようである。また、それぞれのグループ内でも将来に向けて貯蓄に励もうとするか、今の生活を充実させることを優先するか、によって分けることができるものと考えられる。

それぞれのグループのボリュームやその他の特徴を探るため、ニッセイ基礎研究所が2007年に実施した生活リスク総合調査[10]から20〜34歳の若年層について、貯蓄志向か現在志向か、伝統的な家族観を持っているか否かで4つのセグメントに分けてみると、貯蓄志向−非伝統的価値観（貯蓄−非伝統）が57％と半数以上を占める結果となっている〈図表2-8〉。また、貯蓄志向−伝統的価値観（貯蓄−伝統）は10％、現在志向−伝統的価値観（現在−伝統）は8％、現在志向−非伝統的価値観（現在−非伝統）は24％となっている。これを性別・年齢別にみると、貯蓄−非伝統グループは男性の30歳代前半で、現在−伝統グループは女性の20歳代前半で、それぞれ全体に比べやや多くなっている。

中高年に比べ金融機関とのつきあいも浅く金融関連の知識も乏しいと思われ

---

10 調査概要は以下のとおり。
　調査対象：20〜69歳の男女個人(gooリサーチ社登録モニター)
　調査方法：インターネット調査
　有効サンプル数：25279サンプル

る若年層ではあるが、貯蓄－非伝統グループ、現在－伝統グループでは、中高年層ほどではないものの、他のセグメントに比べ多くの金融商品を利用する傾向がみられており、なかでもでも男性の現在－伝統グループでは、金融知識も高くなっている〈図表2-9、図表2-10〉。一方で、月々の収入に対する貯蓄・投資額の割合をみると、男性では貯蓄－伝統グループで、女性では貯蓄－非伝統グループで、それぞれ収入の1割以上と、資産形成に積極的なグループは性別により異なっている様がみてとれる〈図表2-11〉。資産形成に励む理由も、「将来の家族形成に備えて」や、「一人で生きていくために」など、それぞれに異なっていることが予想される。

<図表2-8　若年層のセグメント>

貯蓄志向

セグメント2 （10%）	セグメント1 （57%）
20～24歳：11.5%	20～24歳：51.8%
［8.7%］	［54.8%］
25～29歳：10.5%	25～29歳：54.7%
［8.9%］	［60.6%］
30～34歳： 8.3%	30～34歳：60.6%
［8.3%］	［59.8%］

伝統的 ——————————————————— 非伝統的

セグメント3 （8%）	セグメント4 （24%）
20～24歳：10.2%	20～24歳：25.7%
［10.3%］	［25.3%］
25～29歳： 9.1%	25～29歳：24.1%
［6.5%］	［22.7%］
30～34歳： 7.8%	30～34歳：22.3%
［6.4%］	［23.4%］

現在志向

※年齢別数値は上段=男性、下段括弧内=女性

<図表2-9 保有金融商品種類数>

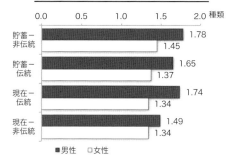

<図表2-10 金融商品の内容(利回り・運用益等)についての十分な知識がある>

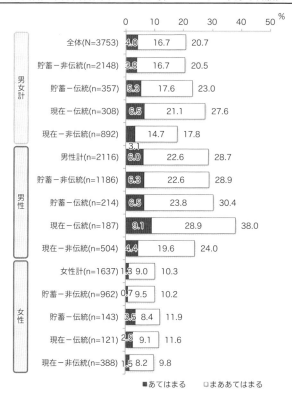

1．若年層の生命保険加入状況

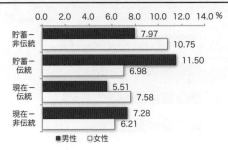

<図表2-11　本人年収対年間総貯蓄・投資額比率>

　生命保険加入の背景として生活上の不安に注目してみると、「家族を遺して死亡する」「自分の介護で家族に負担をかける」「配偶者に先立たれる」といった死亡や老後保障準備につながる不安は、男女とも現在−伝統グループで高くなっている〈図表2-12〉。また、「ガン、心疾患、脳血管疾患にかかる」「長期の入院・通院を要する病気・ケガ」「病気・ケガで（後遺）障害が残る」など医療保障準備につながる不安は、男性の現在−非伝統グループ、女性の貯蓄−非伝統グループで高い〈図表2-13〉。

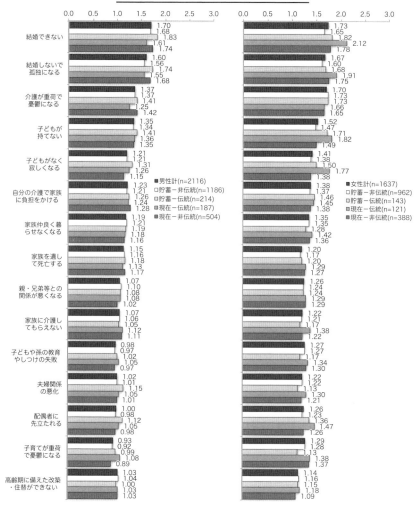

<図表2-12　家族関係に関する不安>

1．若年層の生命保険加入状況

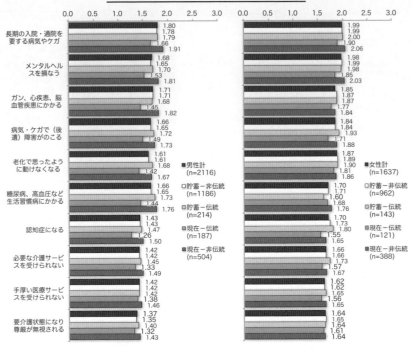

　現在－伝統グループは、結婚や家族形成を想定しつつも、現在の生活を優先していることから、商品の提案においても日々の生活を圧迫しない程度に負担感を抑える必要があるといえよう。一方、現在－非伝統グループでは、男女とも「住居費負担の増加」、「債務返済の負担」、「教育費が十分確保できない」などの数年先にも直面しそうなリスクへの不安に加え、「高額な医療・介護費用の発生」、「医療費負担の増加」、「老後生活資金が十分確保できない」など、数十年先についての経済的不安も他のグループに比べ強くなっている〈図表2-14〉。ただし、彼らはそもそも"結婚しないかもしれない"グループであることを鑑みれば、不確実な将来への漠然とした不安に押し潰されそうになっているだけであり、現時点では"現在の自分のため"の経済的備えにしか反応しないことも考えられよう。

　このように、若年層といっても、貯蓄や家族形成に向けた意識は様々であり、

また各々のグループにより、資産形成行動や抱いている不安も異なっている。若年層へのアプローチでは、こうした多様性を念頭におき、個々に異なる彼らの不安を少しずつ解きほぐしていくような、地道な取り組みが求められているといえるだろう。

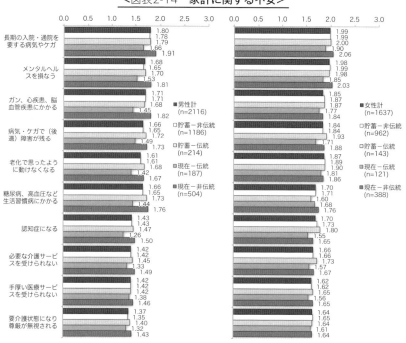

<図表2-14 家計に関する不安>

2.「保障中核層」の保障ニーズ

本節では、30〜40歳代のいわゆる「保障中核層」に焦点をあて、彼らの家族構成や実際の加入状況、今後の保障ニーズについて確認していく。

2-1.家族形成の状況

まず、未既婚の状況についてみると、未婚者比率は年齢によって大きく異なり、45〜49歳では男性で25％、女性で16％となっているのに対し、30〜34歳

では男性の58％、女性の40％となっている〈図表2-15〉。同居家族については、30〜34歳の未婚者では54％が両親と同居しており、同居家族がいない単身世帯は男性で43％、女性で40％である〈図表2-16〉。一方、既婚者については、女性の30〜34歳で僅かながら「子ども」が低くなっている以外は、性別・年齢別の差異はなく、「配偶者」がほぼ100％、「子ども」も7割前後と、大半の既婚者が夫婦と子からなる、いわゆる核家族世帯であることがわかる。

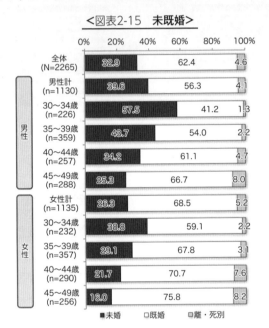

＜図表2-15　未既婚＞

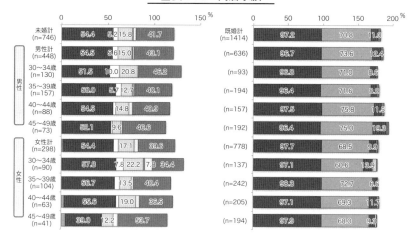

<図表2-16　同居家族>

2-2. 生命保険の加入状況

　生命保険の加入率についてみると、30～34歳では男性で61％、女性で72％と他の年齢層に比べ低く、年齢が高くなるほど加入率は高くなっている〈図表2-17〉。保障領域別の加入率をみると、「第三分野」は男性の30～34歳以外は半数を超えて高く、男女とも30～34歳では「死亡保障」の加入率が4割前後と低くなっている。また、「個人年金」の加入率は男女とも年齢とともに高くなっており、男性の45～49歳では36％と高くなっている。

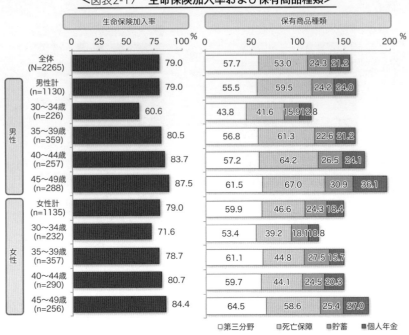

2-3. 保障ニーズの背景要因

　こうした保障ニーズの背景となる日常生活上の不安[11]についてみると、男性の未婚者では「老後生活の経済的困窮」が、既婚者では「自分の病気や事故」および「ケガなどによる収入の途絶」が、それぞれ最も多くなっている〈図表2-18〉。年齢別にみると、30～34歳の男性未婚者ではすべての不安項目が他の層に比べ低く、年齢があがるにつれて「老後生活の経済的困窮」が高くなっている。一方、女性では未婚者は男性と同様の結果となっているものの、既婚者では「家族の病気や事故」が最も多く、「家族の死亡」が続くなど、男性や未婚女性とは異なる結果となっている〈図表2-19〉。年齢別にみると、年齢が高くなるにつれて未婚者では「加齢による影響」が、既婚者では「老後生活の経

11　調査ではそれぞれの項目について不安を感じる程度を5段階尺度で尋ねた。図表は上位2つの選択肢を合計した結果（不安計）である。

済的困窮」および「自分の介護」が高くなっている。

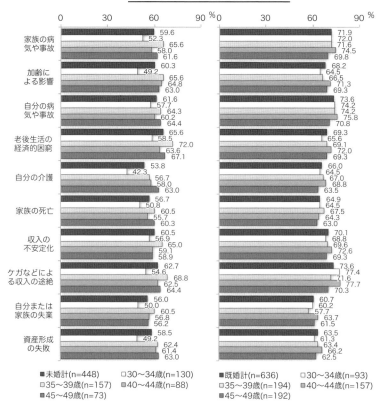

<図表2-18　生活不安(男性)>

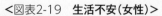
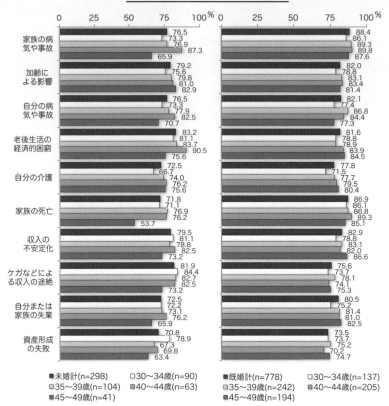

2-4. 今後の加入意向

　今後の加入意向について性別、年齢別、未既婚別にみると、「加入意向あり」は、男性では未婚の45～49歳、既婚の40～44歳で高く、女性では未既婚を問わず35～39歳で高くなっている〈図表2-20〉。

　加入意向がある層の加入目的について未既婚別にみると、未婚の男性では「死亡保障」が最も多くなっており、特に30～34歳では突出して高くなっている〈図表2-21〉。このほか男性では未婚の45～49歳および既婚の35～44歳で「医療保障」が高い。一方、女性では、未既婚を問わず「医療保障」が最も多くなっており、特に既婚の40～44歳で差が大きくなっている。年齢別にみると、未既婚とも

に30～34歳で「死亡保障」が「医療保障」を上回っている。

<図表2-20　今後の加入意向>

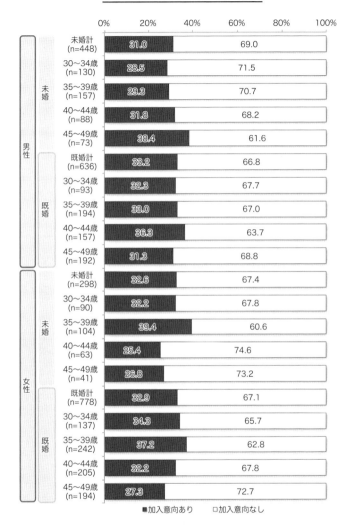

2．「保障中核層」の保障ニーズ

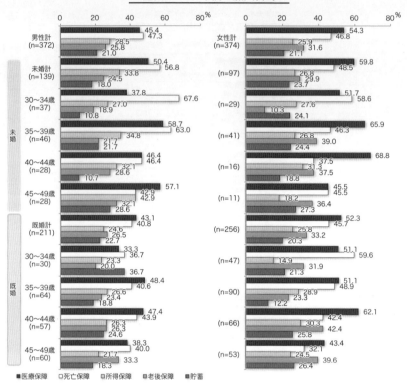

<図表2-21 今後の加入目的>

　このように、同じ「保障中核層」として位置づけられる30～40歳代でも、性別や年齢、未既婚により、生命保険加入の有無だけでなく、加入している保障の種類、今後の保障ニーズは大きく異なっている。また、彼らが今後の加入検討時に利用しようと考えている情報源では、男女とも「比較サイト」が最も多く、「口コミサイト・掲示版」が続いている〈図表2-22〉。以降、男性では「保険会社のサイト」「マネー情報のサイト」「テレビ・コマーシャル」の順、女性では「自ら請求した資料」「ファイナンシャル・プランナーの助言」「家族、友人等の話」の順で続いており、「営業職員」や「保険ショップ」「保険代理店」といった販売チャネルや「コールセンター」は上位には上がってこない。このことは、保障中核層が生命保険加入を検討する際には、比較サイトをはじめと

した様々な情報源を用いて事前情報を入手し、理論武装したうえで、営業職員や代理店に対峙しようとしていることを示しているといえるのではないだろうか。

保障中核層の攻略には、異なる彼らのニーズを深く理解するとともに、彼らがどのような情報を持ち、どの程度理解しているのかにも注意を払う必要があるといえるだろう。

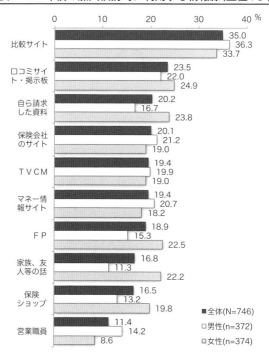

＜図表2-22　今後の加入検討時に利用する情報源（上位10項目）＞

3．暮らし向きと加入意向

日本銀行が実施している「生活意識に関するアンケート調査」によれば、消費者の暮らし向きは一貫して「ゆとりがなくなってきた」が「ゆとりがでてきた」を上回っており、過去10年間の調査回のうちほぼ半数で「ゆとりがなくなってきた」が半数を上回っている〈図表2-23〉。また、厚生労働省の「賃金

構造基本統計調査」によれば、一般労働者の賃金は過去10年間、男女ともほとんど伸びておらず、男性ではむしろ平均で0.3％の減少となっている〈図表2-24〉。このように、家計を取り巻く環境に改善の兆しがみられないなか、消費者は生命保険についてどのように考えているのだろうか。

本節では、厳しい経済環境におかれている消費者に焦点をあて、彼らの生保への加入状況や今後のニーズを明らかにすることを試みる。

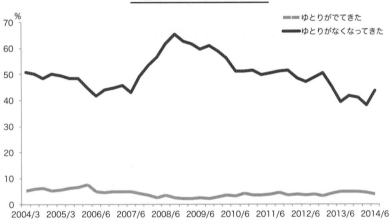

＜図表2-23　暮らし向き＞

出所：日本銀行「生活意識に関するアンケート調査」より作成

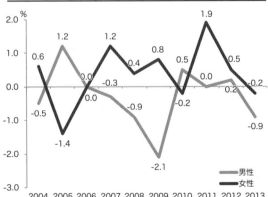

＜図表2-24　所定内給与額の対前年増減率の推移＞

出所：厚生労働省「賃金構造基本統計調査」より作成

3-1. 暮らし向き

　消費者の暮らし向きの程度[12]をみると、全体では「余裕あり」が23％、「余裕なし」が43％と、「余裕なし」のほうが多くなっている〈図表2-25〉。これを性別、年齢別にみると、性別では男性で「余裕なし」が46％と女性（39％）に比べ高くなっている。年齢別では40歳代で「余裕なし」が半数を超えて高く、60歳以上で35％と低くなっている。このように、性別や年齢層により暮らし向きの程度に差異があることは、子どもの教育費等、支出を削りにくい時期には余裕がなく、老後を迎える頃には、資産形成が進むことでゆとりがでてくることが背景にあるものと考えられる。

　暮らし向きの程度別に生命保険への加入状況についてみると、加入率は余裕あり層の81％に対し、余裕なし層では70％と10ポイント以上の差となっている〈図表2-26〉。加入者について商品類型別の加入状況をみると、高齢層が多い余裕あり層ほど「個人年金」が高くなっている。また、年間の支払保険料総額についてみると、余裕あり層では平均225.0千円と余裕なし層（177.5千円）に対し48千円ほど高くなっている〈図表2-27〉。このように、暮らし向きの程度により生命保険への加入状況や保障の種類、支払保険料の程度には差がみられる。

12　調査では「たいへん余裕のあるほうだ」「やや余裕のあるほうだ」「どちらともいえない」「やや余裕のない方だ」「まったく余裕のない方だ」の５段階の尺度で尋ねている。本文中の「余裕あり」、「余裕なし」はそれぞれ「余裕あり計」「余裕なし計」の結果である。

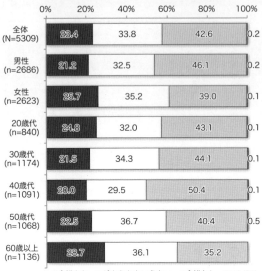

<図表2-25 暮らし向きの程度>

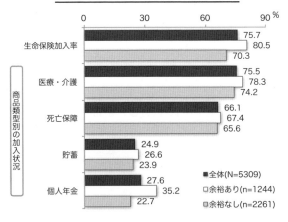

<図表2-26 生命保険の加入状況>

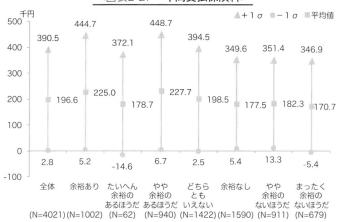

<図表2-27 年間支払保険料>

3-2. 暮らし向きと加入状況によるセグメント

　では、暮らし向きの余裕の程度と加入状況により、生命保険へのニーズにはどのような差異があるのだろうか。

　両者を組合せてみると、性別では男性で「余裕なし・加入」が、女性では「余裕あり・加入」が、それぞれ全体に比べ高くなっている〈図表2-28〉。また、年齢別では20歳代では「余裕あり・非加入」が35％で最も多く、40歳代では「余裕なし・加入」が41％と４割を超える。また、20～30歳代では「余裕なし・非加入」も比較的多く、20歳代では30％と全体に比べ高くなっている。

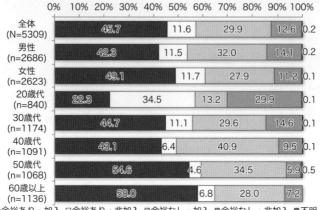

　これらの各セグメントにおける今後の加入意向をみると、「加入意向あり」は余裕なし・加入で33%、「加入意向なし」は余裕あり・非加入で78%と、それぞれ最も高くなっている〈図表2-29〉。また、加入意向がある層の加入目的では、余裕なし・非加入で「医療保障」、「死亡保障」が、それぞれ7割を超えて高くなっている〈図表2-30〉。また、「死亡保障」は余裕あり・非加入でも7割と高い。一方、余裕なし・加入では「老後保障」および「介護保障」で相対的に高くなっている。このほか、加入・非加入を問わず余裕なし層では「葬儀費用準備」も余裕あり層に比べ高くなっていることから、余裕なし層では余裕あり層に比べ、生命保険に加入していたとしても、本来、必要と考えている金額よりも保障額が低くなっているものと考えられる。

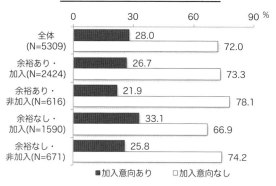

　生命保険に対する意識についてみると、総じて暮らし向きの程度に拘わらず加入者で高く、特に「加入する会社は目的に応じて使い分けたい」では、余裕あり層で18ポイント差、余裕なし層で16ポイント差と差が大きくなっている〈図表2-31〉。一方、「一番安い保険を徹底的に探す」、「加入する時、期待通りか心配」では加入の有無を問わず余裕なし層で高く、特に「一番安い保険を徹底的に探す」では余裕なし・非加入層と余裕なし・加入層との差が12ポイントと突出して高くなっている。このように、加入に際して慎重な姿勢を示す項目では非加入層が、価格よりも内容を重視する項目では、暮らし向きに余裕がある層が、それぞれ支持していることがわかる。暮らし向きに余裕のない層では、経済環境の厳しさから、今後加入を検討するうえで保険料水準を優先せざるを得ない状況にあることがわかる。一方で、「新しい商品が気になる」「見聞きする保険・金融用語はほとんど理解できる」「内容が良ければ高くても加入する」は余裕あり・加入層で高くなっていることから、暮らし向きに余裕がある層では、加入後もより充実した保障内容を求めて情報探索を継続しており、その結果、金融・保険リテラシーの向上も図られているものと思われる。

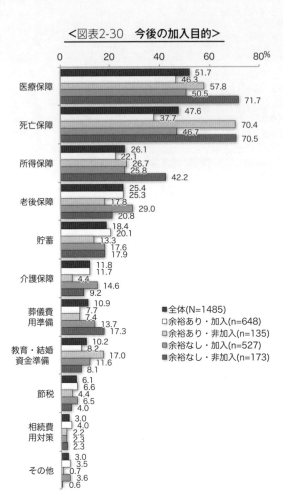

<図表2-30　今後の加入目的>

第2章 デモグラフィック属性に基づくセグメンテーション

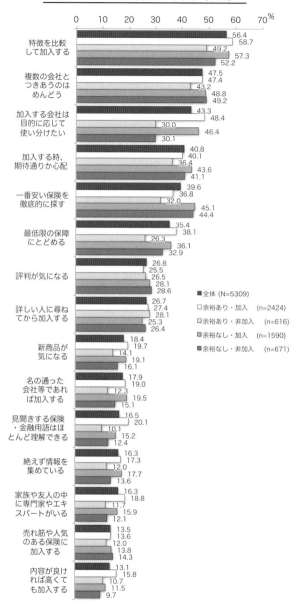

<図表2-31 生命保険に対する考え方>

3．暮らし向きと加入意向

3-3. 暮らし向きセグメントと満足度

　一方、過去に保険金・給付金の受取経験がある者に限定して、受け取った保険金・給付金の使途についてみると、いずれの層においても「医療費」、「生活費」、「預貯金等の貯蓄」が三大使途となっているものの、それぞれ順位は異なり、特に余裕なし・非加入層では「生活費」が65％と突出して高くなっている〈図表2-32〉。また、「預貯金等の貯蓄」は余裕あり層で高く、「医療費」は暮らし向きの程度に拘わらず加入者で高いなど、加入の有無や暮らし向きの程度により、保険金・給付金の使途は異なり、経済的に逼迫することが生命保険の解約につながっている可能性もあるといえよう。

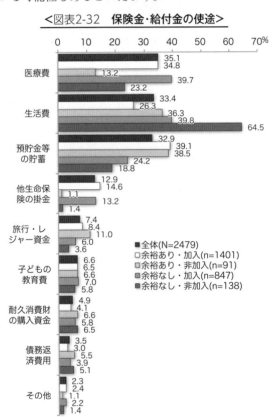

＜図表2-32　保険金・給付金の使途＞

実際に、加入者に限定して直近加入の生保に対する満足度をみると、満足度は暮らし向きに余裕のない層で低く、消費者をとりまく経済環境の悪化が加入している生命保険への不満にもつながっている可能性が示唆される〈図表2-33〉。ただし、この満足度をさらに生命保険に対する知識水準別にみると、「満足」の割合は知識水準に拘わらず暮らし向きの程度による差はみられないものの、低知識層では余裕なし層のほうが、僅かながら「不満」が高くなっている。一方、中知識層や高知識層では、余裕なし層と余裕あり層との「不満」の差はほとんどみられない。経済環境の変化に伴って加入している商品に不満を募らせたり、安易に解約を検討されたりしないためには、顧客に対して、十分な説明を通じて知識を身につけてもらう必要があるといえよう。

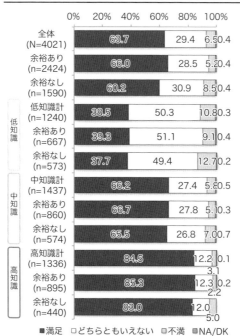

＜図表2-33　知識水準別・暮らし向き別満足度＞

これまでみてきたとおり、暮らし向きに余裕のない層では、その経済的な制

3．暮らし向きと加入意向　　163

約から、価格志向が強く、慎重に検討し、加入したいと考えている人が多いようである。また、暮らし向きに余裕がない層では保険金・給付金を医療費や生活費に充てる傾向が強く、低知識層では加入している生命保険に対しても不満を募らせる傾向がみられた。

　非正規雇用者や転職経験者が増加し、企業の賃金制度においても成果主義型の賃金制度が一般的なものとなりつつあるなかでは、顧客自身の所得の状況がどのようなタイミングで変わっていくかを見通すことは難しい。しかし、顧客がいたずらに不満を募らせたり、保障の必要性に懐疑的になることがないよう、このような顧客の経済的な背景にも、常に気を配っておくことが求められているといえるのではないだろうか。

第3章　消費者の保険リテラシーと加入検討行動

　第1部および前章までででも折にふれて述べてきたように、消費者の保険に対する知識には格差があり、保険に対する知識の程度によって加入検討時の検討プロセスや利用する情報源が異なっており、それらを踏まえた対応が必要であることを指摘してきた。

　では、このような消費者間の知識格差はどのような要因から生じているのだろうか。また、こうした知識の格差により、検討プロセス全体ではどのような差異が生じているのだろうか。

　本章では、消費者の保険に関するリテラシーに焦点をあて、保険リテラシーに格差が生じる要因およびリテラシーの格差がもたらす検討プロセス間の差異について確認していく。

1．保険リテラシーの形成要因

1-1.保険に関する基本的な知識

　生命保険に関する基本的な知識について10項目のクイズ[13]をあげ、正しい内容がどれかを答えてもらった結果から、個々の基本的な知識項目への正解・不正解の状況について確認した〈図表3-1〉。結果をみると、正答率の高い項目は、全体では、「インターネットからは加入できない」が78％で最も高く、「医療保険やガン保険などでは、病気の種類や病状によっては、保険金・給付金が受け取れない場合がある」（67％）、「複数の会社の医療保険に加入していても1社からしか給受金は受け取れない」（64％）までが6割台で続く〈図表3-2〉。逆に正答率が低い項目では、「定期保険は保障期間満了時に満期金が受け取れる」で25％、「一般的な医療保険では女性特有の疾病への備えにならない」で26％と正答率が3割に満たず、誤って理解しているか、正誤を判断できない消

13　調査では図表3-1に示す10項目について「正しい」「正しくない」「わからない」の3つの選択肢を示し、それぞれの項目について、あてはまるものをひとつ選択させている。

1．保険リテラシーの形成要因　　165

費者が７割以上に達している項目もあることがわかる。加入者に限定してみても、正答率は非加入者を含めた全体よりはやや上がるものの状況はあまり変わらず、下位２項目は加入者でも正答率が３割に満たないなど、保険の内容や仕組みについて誤った理解のもと加入している消費者が少なくないことがわかる。これを性別に比較すると、「外資系の保険会社に加入しても、その会社が日本から撤退すると、掛けてきた保険がすべて無駄になってしまう」では男性のほうが、「保険金や給付金は契約で定められた受取人以外は請求できない」、「医療保険やガン保険などでは、病気の種類や病状によっては、保険金・給付金が受け取れない場合がある」、「複数の会社の医療保険に加入していても１社からしか給付は受けられない」では女性のほうが、それぞれ正答率が高くなっている〈図表3-3〉。また、年齢別に比較すると、「医療保険やガン保険などでは、病気の種類や病状によっては、保険金・給付金が受け取れない場合がある」、「定期保険は保障期間満了時に満期金を受け取れる」、「ガン保険に加入しても当初の３カ月間はガンと診断されても保険金・給付金が受け取れない」を除く７項目では、おおむね高年齢層ほど正答率が高くなる傾向にある様がみてとれる。

＜図表3-1　生命保険に関するクイズ＞

1. 医療保険やガン保険などでは、病気の種類や病状によっては、保険金・給付金が受け取れない場合がある
2. ガン保険に加入しても当初の３ヶ月間はガンと診断されても保険金・給付金が受け取れない
3. 一般的な医療保険では女性特有の疾病への備えにならない
4. 定期保険（保障期間は○年間や□歳までなど、期間の定めのある保険）は保障期間満了時に満期金を受け取れる
5. 一度入院して給付金を受け取ると、その後は保険料が上がる
6. 保険金や給付金は契約で定められた受取人以外は請求できない
7. インターネットからは保険に加入できない
8. 生命保険会社が破綻したらこれまで掛けてきた保険がすべて無駄になる
9. 複数の会社の医療保険に加入していても１社からしか給付は受けられない
10. 外資系の保険会社に加入しても、その会社が日本から撤退すると、掛けてきた保険がすべて無駄になってしまう

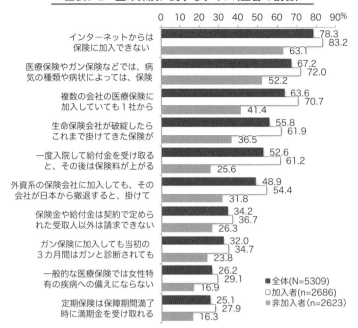

<図表3-2　生命保険に関するクイズ（正答の割合）>

<図表3-3　生命保険に関するクイズ（正答の割合）>

(%)

	N	インターネットからは保険に加入できない	医療保険やガン保険などでは、病気の種類や病状によっては、保険金・給付金が受取れない場合がある	複数の会社の医療保険に加入していても１社からしか給付は受けられない	生命保険会社が破綻したらこれまで掛けてきた保険がすべて無駄になる	一度入院して給付金を受け取ると、その後は保険料が上がる	外資系の保険会社に加入しても、その会社が日本から撤退すると、掛けてきた保険がすべて無になってしまう	保険金や給付金は契約で定められた受取人以外は請求できない	ガン保険に加入しても当初の３カ月間はガンと診断されても保険金・給付金が受取れない	一般的な医療保険では女性特有の疾病への備えにならない	定期保険は保障期間満了時に満期金を受け取れる
全体	5309	78.3	67.2	63.6	55.8	52.6	48.9	34.2	32.0	26.2	25.1
男性	840	75.4	64.4	60.7	57.3	50.1	52.2	30.0	30.8	22.7	24.9
女性	1174	81.3	70.1	66.5	54.2	55.1	45.5	38.4	33.4	29.7	25.2
20歳代	1091	66.5	58.5	47.5	37.9	30.7	34.0	27.1	25.6	19.4	19.3
30歳代	1068	76.6	68.7	59.5	53.4	43.6	46.3	34.6	34.0	22.6	23.6
40歳代	1136	79.8	68.5	66.9	58.1	54.4	49.7	34.6	33.4	24.7	28.0
50歳代	4021	84.8	69.5	69.9	61.0	63.0	54.6	37.3	33.6	30.6	27.9
60歳以上	1288	81.2	68.7	70.4	64.3	66.4	56.3	35.7	32.0	32.1	25.4

1．保険リテラシーの形成要因　　167

1-2. 保険リテラシーの形成要因

　これらの項目について、正答1項目を1点として得点別の比率をみると、全体の平均では10点満点中4.8点と4割程度の理解に留まっている〈図表3-4〉。分布をみると、平均点を超える5点以上が61%を占めているものの、全体の1割ほどが0点であり、およそ4分の1（22%）が平均点の半分以下（2点以下）に留まるなど、消費者の知識の水準にはバラツキがみられることがわかる。平均得点について性別にみても大きな差はみられないが、年齢別にみると20歳代で3.7点と低く、40歳代以上では5点を超えて高くなっている〈図表3-5〉。

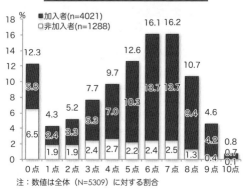

＜図表3-4　クイズの得点分布＞

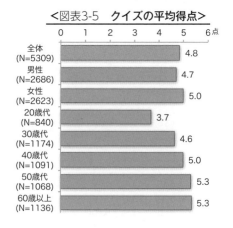

＜図表3-5　クイズの平均得点＞

図表3-4の得点分布に示したとおり、生命保険の加入状況別にみると、加入者では6〜7点が最も多く、平均では5.3点となっているのに対し、非加入者では0点が最も多く平均3.3点となっている。このように、生命保険の加入経験の有無により、知識水準には差がある。ただし、生命保険加入者でも全体の1割は2点に満たず、0点〜10点まで広く分布しており、非加入者でも全体の1割弱は平均点を超えていることから、保険リテラシーの形成要因は単に加入の有無のみではないものと考えられる。

　過去に実施したフォーカス・グループ・インタビューにおいても、

- 「保険会社のサイトでこのくらいの値段がつくのかなというのをみたり、特約で、この会社はこういうのがあって、ここはこういうやり方とか、ある程度見て知識を得てから請求したほうが、何もわからないでいくよりもよい」（37歳男性）

- 「変えようと決断して1カ月くらいの間に、どんなものがあるのか自分でも調べててみたいなと。予備知識というか。どんな違いがあるのかなとか、どんなものがあるのかなとか、自分に合ったものはどんなものがあるのかとか。そういったレベルで調べたうえで営業職員に連絡した」（51歳男性）

といった回答が得られており、売り手との情報の非対称性を少しでも解消すべく知識武装して臨む消費者も存在しているようである。

　では、このような消費者間の保険リテラシーの差異はどのような要因から生じているのだろうか。

　日常生活における情報源について知識の水準ごと[14]にみると、全体では「ＴＶ番組」が81％で最も多く、次いで「ポータルサイト・ニュースサイト」（71％）、「新聞（一般紙）」（59％）までが半数を超えて続く〈図表3-6〉。知識水準別にみると、低知識層に比べ、ほとんどの項目について高知識層のほうが高く、特に「新聞（一般紙）」では、低知識層が49％と半数に満たないのに対し、高知識層では72％と差が大きくなっている。このほか、「カタログ・パンフレット」（11

14　クイズの得点分布から4点以下を低知識層、5〜7点を中知識層、8点以上を高知識層と区分している。

1．保険リテラシーの形成要因　　169

ポイント差)、「個別企業サイト」「雑誌」「ダイレクト・メール」(いずれも8ポイント差)、などでも高知識層のほうが高く、低知識層のほうが高い項目は「ブログ・ツイッター」(22%、6ポイント差) のみとなっている[15]。

　このように、保険リテラシーの程度により、日常生活においての情報源は異なっており、高知識層は日頃から「新聞(一般紙)」を中心に様々な情報源に接している。また、前章で触れたように、加入者は非加入者に比べ保険についても日頃から「絶えず情報を集めている」割合が高くなっていた。消費者間の保険リテラシー格差は、こうした普段からのメディアとの接触行動の差異および実際の加入検討の経験が一因となっているものと考えられる。

---

15 低知識層で「ブログ・Twitter」が高くなっていることは、平均得点が低い若年層が多く含まれていることによるものと思われる。

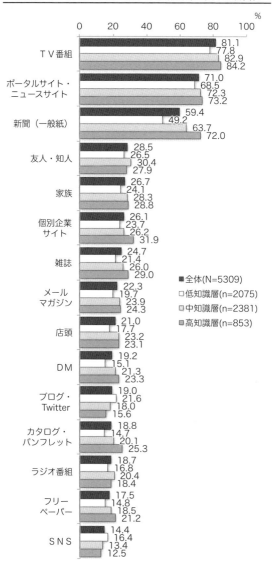

<図表3-6　日常生活における情報源(上位15項目)>

　保険リテラシーの程度が異なる消費者は、このほか保険以外の買物行動においても異なる点がみてとれる。実際に、日常的な買い物行動のなかで「Ａ：納

得できるまで自分で調べるタイプ」か「B：詳しい人に説明してもらいたいタイプ」別に加入検討時の行動の実施率をみても、「保障の必要性検討」では納得できるまで自分で調べるAタイプが42％、詳しい人に説明してもらいたいBタイプが35％と7ポイントの差がみられる〈図表3-7〉。「会社・商品検索」や「種類・負担額検討」「会社・商品比較」でも同様にAタイプのほうが10～11ポイント実施率が高く、普段の買い物行動における志向性が保険の加入検討段階においても影響している様がみてとれる。

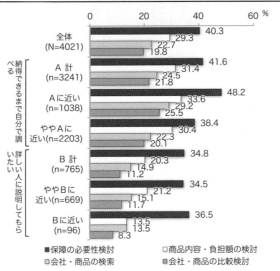

＜図表3-7 加入検討時の行動（保険以外の買物行動別）＞

加入検討時に利用した情報源について、日常の買い物行動における志向性別にみると、両タイプとも「営業職員」が最も多くなっているものの、Aタイプでは「自ら請求した資料」（18％）、「生命保険の比較サイト」（16％）の順で続いており、Bタイプでは17％が利用している「家族、友人等の話」は12％にすぎない〈図表3-8〉。また、「保険会社のサイト」や「マネー情報サイト」などでもBタイプに比べ利用率が高くなっている。Aタイプの消費者は、全体に利用している情報源の種類が多く、また、売り手側がコントロールできない、インターネット上の情報源が多用されていることがわかる。直近5年以内の加

入者に限定してみると、この傾向はさらに強くなっており、Bタイプの消費者が「営業職員」に次いで「ファイナンシャル・プランナー」、「家族、友人等の話」の順に多く利用しているのに対し、Aタイプの消費者では「営業職員」に次いで「生命保険の比較サイト」「自ら請求した資料」の順に多く利用されている。このように、納得できるまで自分で調べるタイプの消費者は、主としてインターネット上の情報源を利用して知識武装しており、営業職員と同等、もしくはそれ以上の情報をもって相対しているのではないだろうか。

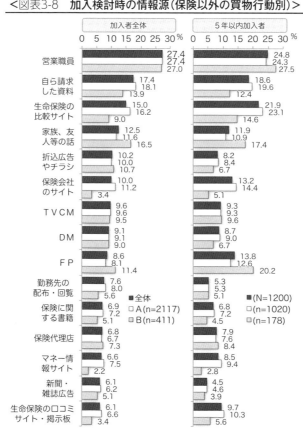

＜図表3-8　加入検討時の情報源（保険以外の買物行動別）＞

実際に、前述の日常の買い物行動における志向性別に生命保険に関する基本的な知識項目への正答率をみると、納得できるまで自分で調べるタイプ（A）

1．保険リテラシーの形成要因

の消費者は、詳しい人に説明してもらいたいタイプの消費者（B）に比べ、「医療保険やガン保険などでは、病気の種類や病状によっては、保険金・給付金が受け取れない場合がある」で8ポイント、「生命保険会社が破綻したらこれまで掛けてきた保険がすべて無駄になる」で7ポイント、「外資系の保険会社に加入しても、その会社が日本から撤退すると、掛けてきた保険がすべて無駄になってしまう」で6ポイント、それぞれ正答率が高く、全般に高い知識水準にあることがわかる〈図表3-9〉。

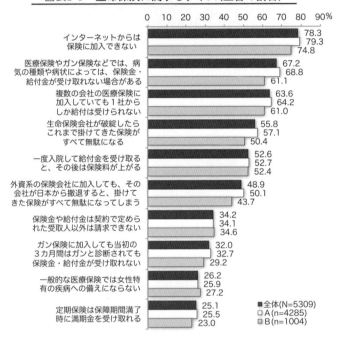

＜図表3-9　生命保険に関するクイズ（正答の割合）＞

2．保険リテラシーと加入検討行動

　前述のとおり、保険リテラシーの格差は日ごろのメディアとの接触行動のほか、実際の加入検討経験によっても生じているものと考えられた。では実際に、こうしたリテラシーの格差により、加入検討行動はどのように異なっているの

だろうか。

　まず、加入までのプロセスについてみると、低知識層ほど「勧められるまま加入」が高く、その他の主体的な行動は高知識層ほど高くなっている〈図表3-10〉。また、加入検討時に利用した情報源についてみると、低知識層では「営業職員」が25％で最も多く、「家族、友人等の話」（15％）が続く〈図表3-11〉。彼らの多くは、営業職員からの説明をもとに、家族や友人の意見を参考に、加入の決断を下しているものと思われる。一方で高知識層では、「営業職員」が25％で最も多くなっているものの、次いで「保険会社に請求した資料」（21％）、「生命保険の比較サイト」（18％）が２割前後で続いており、これらの情報源を通じて、加入先の保険会社や商品を決めるための情報を取得し、それらの情報を参考に加入を決めているものと思われる。こうした知識豊富な顧客の多くは、多くの時間を費やして多様な情報を詳細に検討し、総合的な判断の下、加入する商品や会社を決めているのではないだろうか。

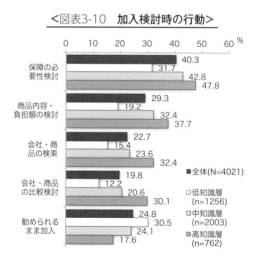

〈図表3-10　加入検討時の行動〉

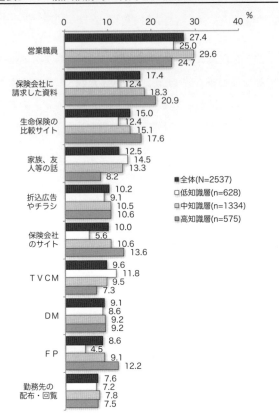

　実際に、加入時に理解していた項目についてみると、低知識層はすべての項目で高知識層や中知識層に比べ低くなっているものの、「自分にとって必要な保障」では低知識層でも41％と多く、高知識層（57％）との差も16ポイントほどと、「生命保険の特徴や仕組み」（低知識層：28％、高知識層：51％）や「保険金・給付金の支払要件」（低知識層：23％、高知識層：45％）に比べ差が小さくなっている〈図表3-12〉。このことは、検討する内容についても、低知識層では提案された内容が自分のニーズをカバーできているか（いそうか）、提示された保険料が自分の負担できる範囲に収まっているか（負担していけそうか）、といったことが中心になっているのに対し、高知識層では、自分のニー

ズにマッチした商品やその商品を扱う会社はどれか、保険金や給付金は必要なときに確実に支払われるか、というように、違いがあることが想定される。

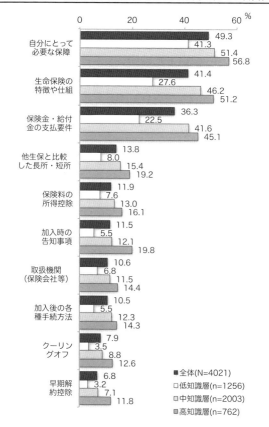

これらを整理すると低知識層と高知識層の加入を決めるまでの検討プロセスは、それぞれ次のように整理できそうである。

- 低知識層：商品はどのような内容か→それは自分のニーズに合っているか→保険料は負担できるか
- 高知識層：自分のニーズは何か→ニーズを満たす条件（保障内容・保険料の水準）はどのようなものか→最適な商品や会社はどこか

このように整理してみると、低知識層の発想は「商品の内容」を起点にし、「自分のニーズ」を包含できているかにポイントがあるのに対して、高知識層の発想は「自分のニーズ」を起点に、「商品の内容」が必要十分であるか、がポイントとなっていると考えられる。

3. 保険リテラシーとチャネル選択・満足度

直近加入チャネル別に保険リテラシーの程度についてみると、「高知識」の割合は来店型店舗で35％と高く営業職員等や窓口ではそれぞれ17％と低くなっている〈図表3-13〉。「低知識」の割合でみても同様に、来店型店舗では21％と低く、営業職員等、窓口、電話・郵送で3割と高くなっていることから、知識の程度により、志向するチャネルの特性が変わる傾向があるようである。実際に、直近加入時の加入チャネルの選択理由についてみると、営業職員等では知識の程度に関わらず「応対者が信頼できた」が最上位に挙げられ、低知識層、中知識層では「家族、友人等だから」が、高知識層では「会社が信頼できた」が、それぞれ続く〈図表3-14〉。その他のチャネルではいずれも最上位はそれぞれのチャネルの性質を表す項目が並ぶものの、来店型店舗では中知識層、高知識層の第2位、第3位に「情報が豊富に得られる」「知りたい事が確実に知れた」といった、保険の内容への理解に関わる項目が挙げられている。このことは、同じように人を介して加入するチャネルの中でも、来店型店舗に比べ営業職員等は、消費者に正しい理解を促す説明が不足していると認識されている可能性を示唆しているとも考えられる。

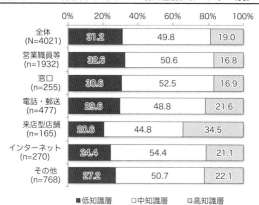

<図表3-13　保険リテラシー（直近加入チャネル別）>

<図表3-14　加入チャネルの選択理由>

	第1位	第2位	第3位
全体(N=4021)	応対者が信頼できた(20.4%)	手軽だから(17.1%)	保険会社が信頼できた(13.2%)
営業職員等計(n=1932)	応対者が信頼できた(32.9%)	家族、友人等だから(19.4%)	保険会社が信頼できた(17.1%)
低知識層(n=630)	応対者が信頼できた(30.3%)	家族、友人等だから(20.3%)	保険会社が信頼できた(14.3%)
中知識層(n=977)	応対者が信頼できた(35.1%)	家族、友人等だから(20.6%)	保険会社が信頼できた(18.1%)
高知識層(n=325)	応対者が信頼できた(31.4%)	保険会社が信頼できた(19.4%)	親身に相談にのってくれる(17.5%)
窓口計(n=255)	近くで手続できる(35.3%)	保険会社が信頼できた(19.2%) 応対者が信頼できた(19.2%)	―
低知識層(n=78)	近くで手続できる(30.8%)	応対者が信頼できた(23.1%)	保険会社が信頼できた(14.1%)
中知識層(n=134)	近くで手続できる(39.6%)	保険会社が信頼できた(20.1%)応対者が信頼できた(20.1%)	―
高知識層(n=43)	近くで手続できる(30.2%)	保険会社が信頼できた(25.6%)	いつでも申込めた(18.6%)
電話・郵送計(n=477)	手軽だから(36.9%)	いつでも申込めた(31.2%)	出向く必要がない(27.0%)
低知識層(n=141)	手軽だから(34.8%)	いつでも申込めた(29.1%)	出向く必要がない(27.0%)

中知識層 (n=233)	手軽だから(40.3%)	いつでも申込めた(35.2%)	出向く必要がない(28.3%)
高知識層 (n=103)	手軽だから(32.0%)	いつでも申込めた(25.2%)	出向く必要がない(24.3%)
来店型店舗計 (n=165)	多くの会社を比較できる (35.2%)	情報が豊富に得られる (24.8%)	知りたい事が確実に知れ た(20.6%)
低知識層 (n=34)	多くの会社を比較できる (32.4%)	近くで手続できる(26.5%)	情報が豊富に得られる (17.6%)
中知識層 (n=74)	多くの会社を比較できる (31.1%)	情報が豊富に得られる (28.4%)	知りたい事が確実に知れ た(23.0%)
高知識層 (n=57)	多くの会社を比較できる (42.1%)	情報が豊富に得られる (24.6%)	知りたい事が確実に知れ た(21.1%)
インターネッ ト計(n=270)	手軽だから(42.2%)	いつでも申込めた(39.6%)	人を介さないでよい (25.9%)
低知識層 (n=66)	いつでも申込めた(33.3%)	手軽だから(31.8%)	自分自身で選べるから (18.2%)
中知識層 (n=147)	手軽だから(50.3%)	いつでも申込めた(38.8%)	人を介さないでよい (26.5%)
高知識層 (n=57)	いつでも申込めた(49.1%)	人を介さないでよい (35.1%)	手軽だから(33.3%)
低知識層 (n=66)	いつでも申込めた(33.3%)	手軽だから(31.8%)	自分自身で選べるから (18.2%)
中知識層 (n=147)	手軽だから(50.3%)	いつでも申込めた(38.8%)	人を介さないでよい (26.5%)
高知識層 (n=57)	いつでも申込めた(49.1%)	人を介さないでよい (35.1%)	手軽だから(33.3%)

　満足度についてみると、おおむね高知識層ほど満足度が高くなる傾向にある
ものの、来店型店舗の加入者では中知識層（78％）のほうが高知識層（74％）
に比べ僅かながら高くなっている。ただし「満足」に着目すると、高知識層で
は18％と中知識層（13％）に比べ高いことから、必ずしも高知識層が来店型
店舗に満足していないわけではないようである。一方、営業職員・代理店は、
すべての知識層で、その他のチャネルに比べ満足度が低くなっている〈図表
3-15〉。

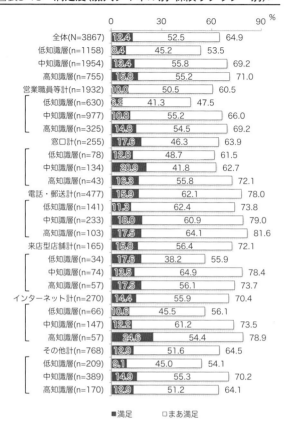

<図表3-15 満足度(加入チャネル別・保険リテラシー別)>

　ある程度高いリテラシーを有していたとしても、加入の検討中に、自分の本来のニーズを見逃してしまうこともあるだろう。しかし、加入後に不十分な保障内容に気づいたとしても、不足分は追加加入を検討することで対応は可能であろう。消費者自身にとって、どちらがより効率的な加入につながるかは明白である。ただし、第1節でも示したとおり、リテラシーが高いグループでも基本的な保険に関するクイズにすべて正解している者はごく僅かであり、依然として売り手との知識や情報の非対称性は大きい。こうした基本的な知識の不足を放置していては、将来のトラブルにつながりかねない。コンプライアンス上、

説明責任を果たすことが求められていることはもちろんであるが、前述の分析においても、十分な説明を通じて保障の必要性や顧客ニーズとの適合度についての理解を得ることが満足度や継続意向を高め、結果的に顧客基盤の維持や収益力の向上といった経営的成果につながることが示されている。自らのニーズを自覚し、主体的に検討を進めようとする消費者からの支持を獲得していくためには、彼らの誤解を解きほぐしつつ、正確な情報を提供することが、肝要といえるだろう。

ただし、自ら知識武装を図り高い保険リテラシーを身につけている高知識層は、低知識層に比べ、営業職員に対して「押しつけがましい」「自分の利益になるものしか売らない」「加入後熱心さが薄れる」などのネガティブなイメージを持っている傾向が強い〈図表3-16〉。「生命保険のことを詳しく知っている」や「わかりやすく説明してくれる」といったポジティブなイメージも同様に強いものの、こうしたネガティブイメージ[16]が強いなかで、彼らの信頼を獲得していくのは容易なことではない点にも注意が必要だといえるだろう。

---

16 調査ではこれらの項目について「まったくそう思う」から「まったくそうは思わない」、「わからない」の6段階の尺度で尋ねている。図表に示した結果は上位2項目を合計した結果である。

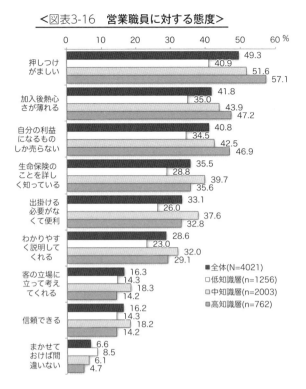

4．生命保険会社のブランドと加入行動

　前節まででも示してきたとおり、知識や経験を積み、知識武装を図った消費者は、各社の商品パンフレットを取り寄せたり、見積りを相互に比較したりして自分にとって必要な保障内容を過不足なくカバーし、保険料も割安な保険を選択しているものと思われる。一方で、「いろいろ調べてみたけどどれも似たり寄ったりで違いがわからず大きい会社だから安心できると思った」「ネットで見てわからなかったので、最終的には、昔から大好きなブランドだから加入を決めた」「比べてみたが内容、金額はどこもさほど変わらないので印象がよかった会社に決めた」など、商品の内容や価格（保険料）ではなく、引受会社のもつブランドイメージを決め手として加入に至る消費者もまだまだ少なくな

い。

　生命保険は、その商品特性上、模倣が容易な商品であり、消費者が自ら個々の商品間の差異を厳密に比較することは極めて困難である。一方で、本章の初めにも示したとおり、実際にしっかり比較して判断を下せるほどの高いリテラシーを持つ消費者は限られていることから、結果的に自ら比較しようとする消費者が増加したとしても、多くの消費者は会社の規模や知名度などの企業ブランドや、チャネルに対する信頼感を頼りに、加入する商品を決定することになるのではないだろうか。

　本節では、生命保険会社のブランドイメージについて消費者がどのように感じているのか、また生命保険会社のブランドイメージが消費者の保険への加入行動に対してどのように機能しているのかについて確認していく。

4-1. マーケティングにおける「ブランド」

　マーケティング理論の中で「ブランド」は、①保証機能、②差別化機能、③想起機能の三つの機能から整理されている〈図表3-17〉。このうち、①保証機能は、製品やサービスが特定の名称やロゴを付与されていることで、当該製品やサービスの品質に対する企業の担保が明示されることを指しており、②差別化機能については、製品やサービスに特定の名称やロゴが付与されることで、当該製品やサービスと他社の類似品とは明確に識別されるようになることを指すものである。

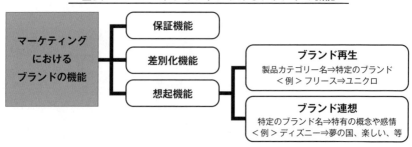

<図表3-17　マーケティングにおけるブランドの機能>

出所：青木幸弘 他（2004）「製品・ブランド戦略－現代のマーケティング戦略＜1＞」有斐閣アルマ より作成

しかし、これらの機能が十分に発揮されるためには、消費者が特定の製品カテゴリーを見聞きした際、提供する製品やサービスの品質の高さやブランドの名称、ロゴが一体となって想起（ブランド再生）されたり、逆に、ブランド名やロゴを見聞きした際には、特定の製品カテゴリーや概念、好ましい感情が思い浮かぶ（ブランド連想）状態となる必要があるといわれている。この、ブランド再生とブランド連想の両者が③想起機能と称されているものである。

　想起機能を高く発揮するブランドの場合、消費者は特定のカテゴリーについて購入を思い立った段階で当該ブランドの名称やロゴを思い浮かべる。また、そのブランドに対して好意的であれば、他のブランドに比べ高価格であっても購入したり（価格プレミアム）、有力な候補として検討の俎上にのせ、他社の製品やサービスと比較することなく購入に至る（ロイヤルティ）など、消費者との関係において強いブランドを構築することはビジネスにおいて大きな意味を持っていることが明らかにされている。生命保険会社が消費者にとって好意的なイメージをもたれるようになることは、現場において顧客と相対する専属チャネルにとっても、信頼関係を築くうえで大きな力となるのではないだろうか。

4-2. 生命保険会社のブランドイメージ

　定量調査の結果から、直近に加入した生命保険会社の選択理由についてみると、全体では「信頼できる」が35％で最も多く、「保険料が安い」（20％）、「親しみやすい」（12％）の順で続く〈図表3-18〉。このうち、1位、2位にあげられている項目は加入時期のいかんに拘わらず比較的安定的であるものの、2011以降の加入者では3位に「商品・サービスが魅力的」があがっており、「過去に取引経験がある」は6位に、「知名度が高い」は11位となっているなど、既存の取引先や知名度の高い会社だからといって、消費者から選ばれることはなくなってきているように思われる。また、「規模が大きい」についても1998年以降低下傾向[17]にあり、2008年以降は1割に満たない結果となっている。

17　この背景には、護送船団行政の下で、銀行と並び倒産することはないと思われてきた生命保険会社が、戦後初めて1997年に経営破綻し、その後2000年にかけて、合計7社が経営破綻したことが一因となっているものと思われる。

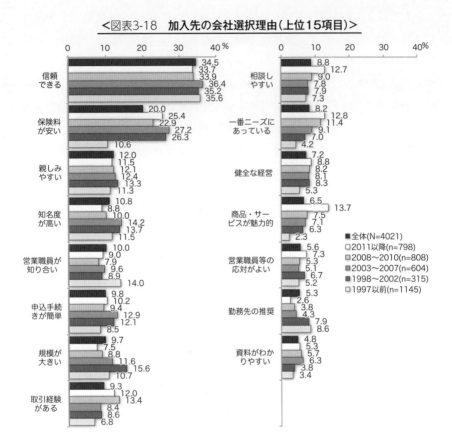

<図表3-18　加入先の会社選択理由(上位15項目)>

　消費者にとって長期間にわたって契約を維持し、確実に給付を受けるうえで生命保険会社を信頼できることは最低限の条件であり、「信頼できる」が最上位となっていることは当然の結果といえるだろう。一方で、第2位に「保険料が安い」があがっていることは、各社の提供する生保商品の品質や自身のニーズとの一致度合いよりも、いかに保険料支出を抑えるかが重視されているかを示しているように思われる。このことは、多くの生命保険会社のブランドが、消費者がロイヤルティを感じ、価格プレミアムを引き受けるほど強固なものとはなっていないことを意味しているといえるだろう。

　しかしながら、複数の会社を比較した消費者の会社選択理由を他社比較して

いない消費者と比較すると、他社比較あり層では「保険料が安い」「一番ニーズにあっている」「商品・サービスが魅力的」といった項目で２割を超えて高くなっている〈図表3-19〉。また「申し込み手続き手続が簡単」「健全な経営」「資料がわかりやすい」「口コミで評判が良い」も１割を超えており、他社比較なし層との差は大きい。このことは、複数の会社を比較した消費者が、加入先の生命保険会社に対し、これらの点で他の生命保険会社よりも優れているイメージを抱いた結果であるといえる。換言すれば、加入先の生命保険会社は、他社比較した消費者にとって、他社とは異なり好ましく魅力あるブランドとして差別化（差別化機能）され、想起（ブランド再生）されるようになっていることを意味している。

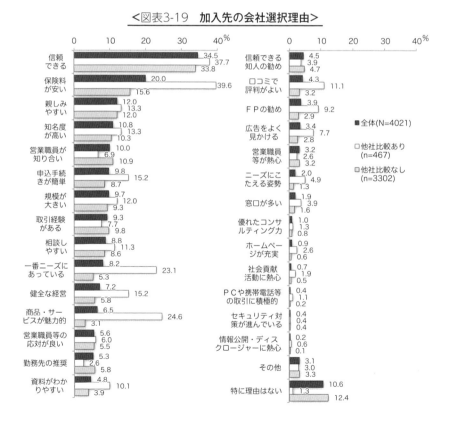

＜図表3-19　加入先の会社選択理由＞

4．生命保険会社のブランドと加入行動

保険会社が目指すべきブランドの形成・確立の方向性は、このような、消費者にとって「他社とは異なるこの保険会社」が好ましいと感じ、選択されるようなイメージの醸成にあるのではないだろうか。先の分析に示した、保険料の安さや商品・サービスの魅力度、経営の健全性などは、ブランドイメージの醸成に向けて生命保険会社全体として取り組んでいく必要があるところではあるが、消費者のニーズにあった商品の提案や資料・説明のわかりやすさなど、顧客接点における取り組み一つで変わる部分も大きいものと思われる。

　サービス財である保険は目で見たり、手に取ったりして商品の良し悪しを評価することができない。そのため消費者はＣＭやパブリシティだけでなく、営業職員や代理店などの販売チャネルとのコミュニケーションを通じて、商品の価値や企業の姿勢についてのイメージ（ブランドイメージ）を形成しているものと思われる。チャネルの役割は、ともすれば契約の獲得や維持・深耕"だけ"にあると思われがちであるが、ブランドの構築・維持も、日々、顧客と接する従業員個々の双肩にかかっているといえるだろう。

第4章　商品・チャネルによる加入検討行動の差異

　第2部第1章でも述べたように、日本の生命保険市場はほぼ飽和状態にある。一方で、日本では周知の通り晩婚化や晩産化、高齢化が進展しており、伝統的な生命保険商品の主要な機能である死亡保障の必要性に乏しい単身世帯や、子どもがいない夫婦世帯、子どもが独立し、エンプティネストの状態にある高齢者のみ世帯などが増加している〈図表4-1〉。

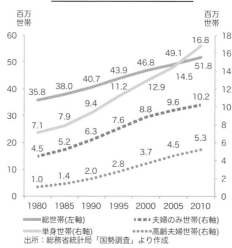

<図表4-1　世帯数の推移>
出所：総務省統計局「国勢調査」より作成

　このような人口・世帯構成の変化を背景とした保障ニーズの変化に伴い、生命保険の契約動向についても、医療保障や老後保障などの領域の伸びが続いている。
　一方、90年代後半から段階的に解禁されてきた銀行窓販を始めとした規制緩和や、ウェブを中心とした情報技術革新に伴い、保険の販売チャネルの多様化も急速に進展している。このようなチャネル多様化のなかで、近年、最も急速に存在感を増しつつあるチャネルは、乗合型の来店型店舗チャネルであろう〈図表4-2〉。

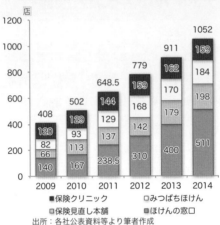

<図表4-2 主要4社の店舗数の推移>

出所：各社公表資料等より筆者作成

　本章では、このように飽和状態にある生命保険市場の中でも伸びがみられている医療保障および老後保障の領域および、成長著しい来店型店舗チャネルに焦点をあて、それぞれの商品・チャネルを利用する消費者の特徴について確認していく。

1．「医療保険不要論」の検証

　日本では、公的な医療保障制度である健康保険制度により、医療サービスにかかる自己負担費用は、概して極めて低廉である。また、医療サービスの供給についてみても、平均在院日数は短縮化している〈図表4-3〉。これらのことから、高額な医療費を請求されるような事態が発生することは極めてまれであり、医療費負担の面からは、短期の入院など、あまり高額ではないまでも、家計には負担となる程度の医療費支出を求められるケースが多くなっているものと考えられる。このことは、現状の社会保障制度を前提とすれば、相当程度低いリスクである、「高額な医療費支出を要する事態」に対して私的な保障手段である生命保険（医療保険）で備える必要があるのか、よりリスクの高い「それほど高額ではないものの医療費支出を要する事態」への保障手段は、生命保険（医

療保険）が最適といえるか、まかなえる範囲であれば貯蓄で代替できるのではないか、といった疑問を生じさせる。実際に、巷間では上記のような論拠に基づくいわゆる「医療保険不要論」もささやかれており、こうした情報に接した、主に情報感度の高い消費者を中心に医療保障からニーズがシフトしている可能性も考えられる。

本節では、消費者の保険に関する知識の程度や世帯の金融資産の多寡から、「医療保険不要論」の支持層について検証を試みる。

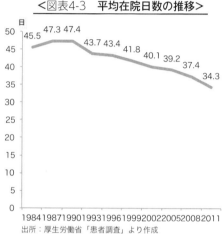

<図表4-3　平均在院日数の推移>
出所：厚生労働省「患者調査」より作成

1-1. 保険に関する知識と保障ニーズ

「医療保険不要論」に接した消費者が、その内容に同意し、医療保障からニーズがシフトしているとすれば、保険リテラシーが高まるとともに、自身の知識に対する自信も深まっているものと考えられる。そこで、前章でみた保険リテラシーおよび保険に関する知識の自己評価の程度と保有契約との関係についてみると、加入率は医療保険、ガン保険とも、高知識層ほど高く、第三分野の加入率は、高知識層では72％、主観的評価の高知識でも71％に達している〈図表4-4〉。また、医療保障商品に直近加入した者について、入院給付金日額をみても、知識の程度によって金額が異なるということはないようである〈図表4-5〉。

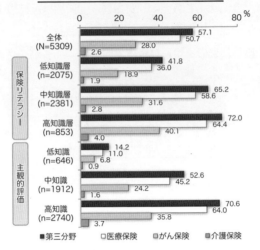

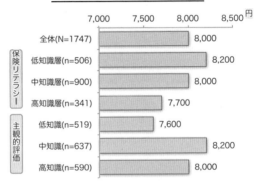

　一方、今後の加入意向についてみると、生命保険の加入者では主観的評価が高知識の者ほど「死亡保障」が低くなっているものの、「医療保障」の割合では、加入者・非加入者とも、特に知識の程度による差はみられない〈図表4-6〉。

＜図表4-6　加入意向のある保障内容（上位5位）＞

	医療保障	死亡保障	所得保障	老後保障	貯蓄
全体(N=1485)	51.7	47.6	26.1	25.4	18.4
加入者計(n=1177)	48.1	41.6	23.7	26.9	19.0
保険リテラシー 低知識層(n=348)	49.1	44.0	21.6	23.0	16.4
保険リテラシー 中知識層(n=590)	47.6	40.7	26.1	30.5	19.0
保険リテラシー 高知識層(n=239)	47.7	40.6	20.9	23.8	23.0
主観的評価 低知識(n=46)	47.8	54.3	17.4	26.1	17.4
主観的評価 中知識(n=402)	47.8	43.8	23.6	26.4	18.2
主観的評価 高知識(n=727)	48.4	39.8	24.2	27.4	19.5
非加入者計(n=308)	65.6	70.5	35.4	19.5	15.9
保険リテラシー 低知識層(n=167)	61.1	70.1	34.7	16.2	15.0
保険リテラシー 中知識層(n=107)	73.8	73.8	34.6	27.1	19.6
保険リテラシー 高知識層(n=34)	61.8	61.8	41.2	11.8	8.8
主観的評価 低知識(n=76)	69.7	78.9	42.1	22.4	11.8
主観的評価 中知識(n=146)	66.4	65.8	30.8	21.2	15.8
主観的評価 高知識(n=85)	61.2	70.6	37.6	14.1	20.0

（単位：％）

1-2.金融資産残高と保障ニーズ

　このように、保険について知識があるからといって、「医療保険不要論」に与しているわけではないようである。では、「医療保険不要論」は医療費支出が発生しても預貯金等の資産により賄える高資産層が支持しているのだろうか。

　金融資産残高別に第三分野の加入率をみると、高資産層ほど加入率は高くなっており、1,000万円以上の層では67％に達している〈図表4-7〉。一方、100万円未満の層では40％に留まり、100万円以上の層との差が大きくなっている。入院給付金日額についてみても、平均額は資産の多寡にかかわらず8,000円前後であり、加入実態の面ではむしろ、「医療保険不要論」に逆行するような結果となっているようにみえる〈図表4-8〉。

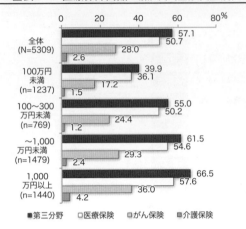

<図表4-7 医療保障商品の加入率(金融資産別)>

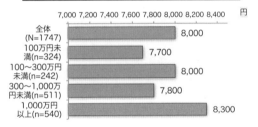

<図表4-8 入院給付金日額(金融資産別)>

　今後の加入意向についてみると、医療保障を加入目的とする割合は、加入者では特筆すべき傾向はみられないものの、非加入者では低資産層ほど高い傾向にあり、100〜300万円未満の層で75%と最も高くなっている〈図表4-9〉。一方、非加入者の100万円未満の層では71%と、「死亡保障」(78%)のほうが多くなっていることは、無保険状態のなかで優先順位としては「死亡保障」のほうが大きいと判断しているものと思われる。このように、非加入者については、金融資産残高により医療保障への加入意向に一定の傾向がみられ、「医療保険不要論」を支持する結果となっているようにもみえる。しかし、非加入者では、「死亡保障」や「所得保障」についても、低資産層ほど高くなっていることから、非加入の高資産層では、生命保険全般に対するニーズがない状態にあるものと

考えられる。

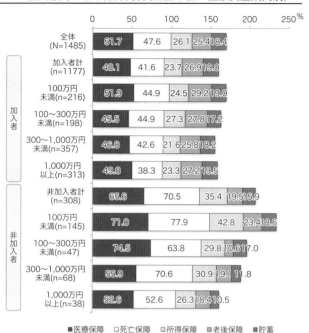

<図表4-9　加入意向のある保障内容（上位５位／金融資産残高別）>

■医療保障　□死亡保障　□所得保障　■老後保障　■貯蓄

1-3. 保険リテラシー・金融資産残高と保障ニーズ

　このように、知識量や資産残高との関係からは「医療保障不要論」が高知識層や高資産層の加入を左右するような状況を生み出している証拠は見いだせない。では、生命保険の知識があり、十分な資産を持つような消費者では状況は異なるのだろうか。

　知識の程度ごとに、金融資産別の今後の加入意向をみると、低資産層ほど「医療保障」が高いのは、保険リテラシー、主観的評価とも、低知識層のみであり、その他の層では特段の傾向はみられない〈図表4-10〉。むしろ、保険リテラシーの中知識層、主観的評価の高知識では低資産層ほど「死亡保障」が高くなっている。

＜図表4-10　加入意向のある保障内容（上位5位）＞

	医療保障	死亡保障	所得保障	老後保障	貯蓄
全体(N=1485)	51.7	47.6	26.1	25.4	18.4
保険リテラシー					
低知識層計(n=515)	53.0	52.4	25.8	20.8	15.9
100万円未満(n=178)	60.7	63.5	30.9	22.5	18.5
100〜300万円未満(n=82)	50.0	45.1	20.7	20.7	17.1
300〜1,000万円未満(n=128)	48.4	52.3	26.6	20.3	13.3
1,000万円以上(n=91)	45.1	40.7	19.8	19.8	9.9
中知識層計(n=697)	51.6	45.8	27.4	30.0	19.1
100万円未満(n=134)	60.4	53.0	35.8	35.8	20.1
100〜300万円未満(n=128)	52.3	48.4	28.9	25.0	18.0
300〜1,000万円未満(n=214)	48.6	46.7	21.5	28.5	18.7
1,000万円以上(n=174)	51.7	39.1	27.0	30.5	19.0
高知識層計(n=273)	49.5	43.2	23.4	22.3	21.2
100万円未満(n=49)	53.1	53.1	24.5	18.4	16.3
100〜300万円未満(n=35)	48.6	57.1	40.0	31.4	14.3
300〜1,000万円未満(n=83)	47.0	39.8	21.7	21.7	19.3
1,000万円以上(n=86)	52.3	40.7	20.9	24.4	26.7
主観的評価					
低知識計(n=122)	61.5	69.7	32.8	23.8	13.9
100万円未満(n=45)	75.6	80.0	37.8	26.7	22.2
100〜300万円未満(n=24)	58.3	58.3	25.0	20.0	4.2
300〜1,000万円未満(n=31)	58.1	64.5	41.9	29.0	9.7
1,000万円以上(n=17)	41.2	64.7	23.5	11.8	5.9
中知識計(n=548)	52.7	49.6	25.5	25.0	17.5
100万円未満(n=142)	62.7	61.3	33.8	28.9	16.9
100〜300万円未満(n=87)	48.3	46.0	24.1	24.1	18.4
300〜1,000万円未満(n=165)	47.3	50.3	21.8	23.6	17.6
1,000万円以上(n=127)	51.2	37.8	21.3	23.6	15.0
高知識計(n=812)	49.8	43.0	25.6	26.0	19.6
100万円未満(n=172)	53.5	50.0	29.1	25.6	19.2
100〜300万円未満(n=134)	51.5	48.5	30.6	24.6	18.7
300〜1,000万円未満(n=229)	47.6	42.4	21.4	24.9	17.9
1,000万円以上(n=207)	50.2	39.1	25.1	29.0	21.7

■医療保障　□死亡保障　□所得保障　■老後保障　■貯蓄

　このように、「医療保障不要論」は、現時点では一部の消費者には伝わっている可能性はあるものの、大衆の支持を得るものとはなっていないようである。この背景には、比較的情報感度が高いと思われる若年層では、「医療保障不要論」

に従って医療保障への加入を控えるほどの資産が形成できていないことや、すでに十分な資産を持つ中高年層については、この情報に接した時点ですでに医療保障商品に加入しており、改めて加入内容を見直したり、解約に踏み切るなどの行動を起こすには至っていないといったことがあるのではないだろうか。

　実際に、フォーカス・グループ・インタビューにおいても、情報感度が高く様々な情報を収集・比較したうえで保険に加入した消費者であっても、以下にあげるように、資産の多寡を問わず、医療保障を重視する傾向や、冷静に自身の生活リスクについて判断したうえで医療保障を選択する消費者もみられている。

- 「自分が倒れたときの通院のための交通費など何かとお金がかかった経験から、退院後の通院保障がすごく重要と感じて」終身医療保険に加入（37歳女性）
- 「退職して主婦になったら貯金ができなくなる」からと万が一の入院に備えて終身医療保険に加入（51歳女性）
- 「ポックリ死んじゃえばいいが、医療が進化して病気になっても生かされる時代なので病気になった場合のほうが不安だから」と夫婦で相談して医療保険に加入（36歳男性）

　これらの発言からみると消費者は、医療保障商品について、健康保険制度により受けられる給付の内容や、近年の医療の状況などから加入の要否や保障額を判断することはないようである。

　実際に、消費者は、どのようなプロセスを経て加入する医療保障商品を選択しているのだろうか。次節では、直近5年以内に医療保険に加入した消費者に焦点をあて、彼らの加入検討プロセスについて確認する。

2．医療保険加入者の加入検討行動

2-1.医療保障商品の加入状況

　直近5年間の生保加入者を商品類型別にみると、医療保障商品の加入者は81％と最も多くなっている〈図表4-11〉。性別にみると、女性が82％と男性（80％）に比べ僅かながら高い。また、年齢別では、40歳代以上で8割を超えて多くなっている。

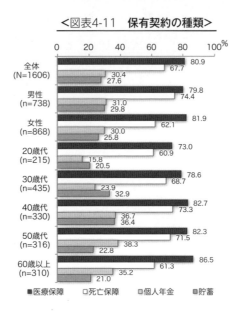

＜図表4-11　保有契約の種類＞

　医療保障商品の支払保険料は年額で平均73,800円、入院給付金日額は8,000円となっており、支払保険料は性別では男性で73,800円と女性（67,300円）に比べ高く、年齢別では40歳代以上では80千円以上と20歳代（49千円）、30歳代（67千円）に比べ高い〈図表4-12〉。入院給付金日額は、性別では男性で9,100円と女性（7,200円）に比べ約2,000円高い。また、年齢別では40歳代で8,700円と他の年齢層に比べやや高くなっているものの、統計的に有意な差異は認められない。

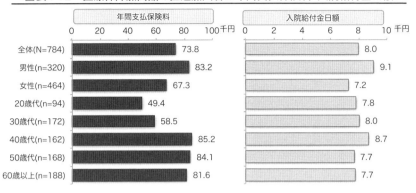

<図表4-12 医療保障加商品の直近加入者の年間支払保険料・入院給付金日額>

一方、保有している商品の種類数についてみると、直近の医療保障商品加入者では他の商品種類に加入している割合が全体に比べ低く、医療保障商品のみの加入者が39％、医療保障商品とあわせて2種類の加入者が37％となっている〈図表4-13〉。

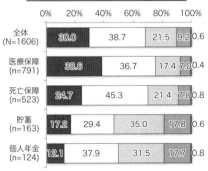

<図表4-13 保有契約種類数>

保有契約の上でも医療保障の存在感が高まっていることは間違いないが、死亡保障から生存保障へと完全にニーズが移ってしまっているわけでもないようであり、むしろエントリー商品となっている様子がうかがえる。

では、医療保障商品の加入者の加入のきっかけや加入検討のプロセスはどのようになっているのだろうか。

2-2. 世代によって異なる加入のきっかけ

　加入のきっかけについてみると、全体と同様「ライフイベント」が29％で最も多く、「生活設計・家計の見直し」（24％）が続いている〈図表4-14〉。他の商品類型との比較では、「ＣＭ、ＤＭ」、「なんとなく」が高く、「ライフイベント」が個人年金に比べ、「口コミ」が貯蓄、個人年金に比べ、「生活設計・家計の見直し」が貯蓄に比べ、それぞれ高い。一方、「ライフイベント」では貯蓄、死亡保障に比べ、「生活設計・家計の見直し」は個人年金に比べ、「勧誘」は個人年金、死亡保障に比べ、それぞれ低くなっている。

＜図表4-14　加入検討のきっかけ＞

項目	全体(N=1606)	医療保障(n=791)	死亡保障(n=523)	貯蓄(n=163)	個人年金(n=124)
ライフイベント	34.4	29.2	37.5		57.7
生活設計・家計見直し	24.2	24.8	23.8	26.8	14.7
勧誘	37.1	16.2	12.0	18.4	14.1
口コミ	37.1	13.4	16.2	13.0	6.1
収入増	7.3	12.9	11.3	13.6	16.6
ＣＭ、ＤＭ	15.3	11.5	16.1	7.8	6.1
なんとなく	4.0	10.1	12.9	8.0	4.9
その他	8.1	7.3	8.2	6.7	4.3

（単位：％、0〜60）

　医療保障商品加入者の加入検討のきっかけについて性別にみると、男性で「ライフイベント」が33％と女性（27％）に比べ高い〈図表4-15〉。年齢階層別にみると、20〜30歳代では「ライフイベント」が高く、特に20歳代では61％と突出して高くなっている。また、40歳代、60歳以上で「生活設計・家計の見

直し」が、50歳代では「勧誘」が、それぞれ他の年齢層に比べ高い。このように、性別や年齢によってそれぞれ異なるきっかけがあることがわかる。

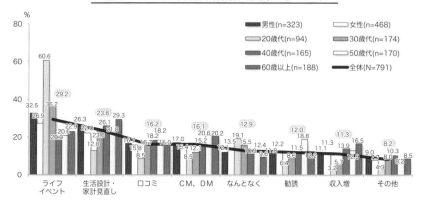
<図表4-15　医療保障商品加入検討のきっかけ>

　フォーカス・グループ・インタビューの中でも、若年層では、
- 「親が入っていたものを社会人になって名義を切り替えた」（25歳女性）
- 「結婚するちょっと前に親に勧められていわれるがまま」（31歳男性）

といったようにライフイベントを契機に親を通じて加入しており、中高年では、
- 「友人やその知り合いが入院して、保険の給付金よりも費用がかかったと聞いて」（43歳女性）
- 「老後が不安になってくるので、備えて入ったほうがいいのかしらという話になって」（56歳女性）
- 「定年になるとそのまま保険料を払うのは難しいので、内容を変えたほうがいいのではないか」という話になって（59歳男性）

といったように、身近な人の病気や定年などのライフイベントを契機として加入を検討する傾向がみられている。

2-3. 加入時の検討プロセスと決定要因

　加入を検討する際、どのようなプロセスを辿ったかをみると、医療保障商品

の加入者は「加入の必要性検討」が死亡保障加入者と並んで高く、その他の3つのプロセスではいずれも実施率が最も高くなっている〈図表4-16〉。特に「会社・商品の比較検討」では実施率が33％と、死亡保障（25％）に比べ8ポイント高くなっている。一方、「会社・商品の比較検討」実施者について、実際に比較・検討した会社数をみると、医療保障商品の加入者では平均3.31社と死亡保障（3.24社）に比べ多くなっている〈図表4-17〉。これに対して商品プラン数では、3.93種類と、死亡保障（3.99種類）と同程度となっている。また、比較検討の観点は、医療保障商品の加入者では「保障内容・範囲」が92％と他の商品類型に比べ高く、「保険料・返戻率」が48％と、死亡保障（64％）や貯蓄（76％）に比べ低い。

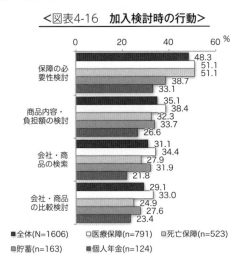

＜図表4-16　加入検討時の行動＞

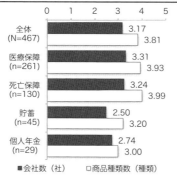

<図表4-17 比較検討した会社・商品種類数>

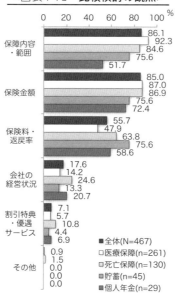

<図表4-18 比較検討の観点>

　利用した情報源についてみると、「生命保険の比較サイト」が26％で最も多く、次いで「自ら請求した資料」（21％）が続いており、他の商品類型に比べ、「生命保険の比較サイト」、「自ら請求した資料」のほか、「ＴＶＣＭ」、「ＤＭ」、「折り込み広告やチラシ」といった広告媒体で高く、「営業職員」で低い〈図表4-19〉。

また、加入チャネルでは、「営業職員」が37％と最も多く利用されている
ものの、「郵送」(17％)、「インターネット」(14％) がそれぞれ1割を超えて
続くなど、他の商品に比べチャネルの多様化が進んでいるといえよう〈図表
4-20〉。

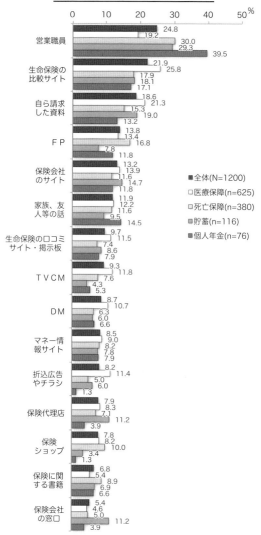

<図表4-19 利用した情報源>

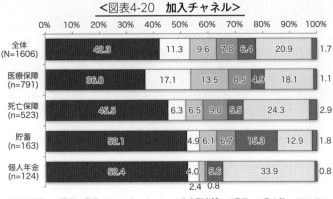

　加入を決めた最終的な決定要因についてみると、「保険料が妥当」が47％と最も多く、「保険の内容が良い」（27％）を大きく上回っている〈図表4-21〉。他の商品類型に比べ、「保険料が妥当」が高くなっていることは、医療保障商品の加入検討に際して消費者が、保険料の水準を極めて重要な要素とみていることを表しているものと思われる。医療保障商品の加入者について性別にみると、女性で「保険会社の信頼」が11％と男性（6％）に比べ高い以外は大きな差異はみられない〈図表4-22〉。年齢別では、「保険料が妥当」はすべての年齢層で最も多くなっているものの、30歳代では「保険の内容が良い」も35％と、両者の差が小さくなっている。

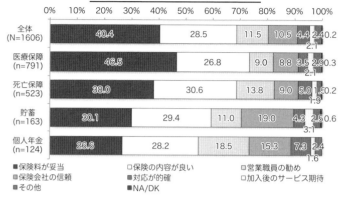

<図表4-21　最終的な決定要因>

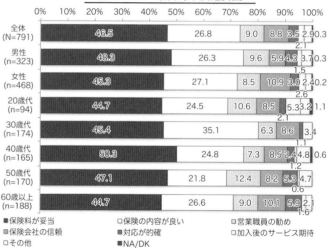

<図表4-22　最終的な決定要因>

　このように、医療保障への加入を検討するタイミングは年齢により異なっているが、商品の内容と価格のバランスについては、年齢に拘わらず他の商品以上にシビアにみられているように思われる。多様化が進む医療保障市場において他社に比べ圧倒的に優位な商品を開発することには、かなりの困難を伴うことが想像される。他社との価格競争に陥ることのないよう、消費者に価格（保険料）以上の付加価値を認めてもらうために何ができるか、検討していくこと

が必要ではないだろうか。

3．個人年金保険加入者の加入検討行動

　公的年金制度を含む社会保障制度全般に対する高い不信感を背景として、老後生活に向けた自助努力の必要性については、年代に拘わらず高い関心が寄せられているように思われる。本節では、老後保障の代表的な準備手段のひとつである、個人年金保険に焦点をあて、直近5年間に加入した消費者の属性や意識の面の特徴について確認していく。

3-1.個人年金保険の加入状況

　直近5年間に個人年金保険に加入した消費者の属性について確認すると、性別では女性が59％と約6割を占め、年齢では30歳代が25％で最も多く、次いで40歳代（22％）、60歳以上（21％）の順で続いている〈図表4-23、図表4-24〉。性・年齢別にみると、男性では30歳代が34％で最も多く、60歳以上（24％）と続くのに対し、女性では50歳代で26％、40歳代が23％とこの両世代で半数以上を占めている。

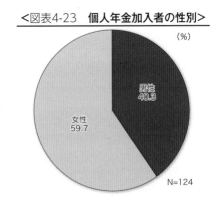

<図表4-23　個人年金加入者の性別>

<図表4-24 個人年金加入者の年齢構成>

3-2. 加入検討のきっかけ

　加入のきっかけについてみると、全体では「生活設計・家計の見直し」、「勧誘」がともに37％で最も多く、「ライフイベント」（24％）、「収入増」（15％）までが1割を超えて多くなっている〈図表4-25〉。〈前掲図表4-14〉でもみたように、他の商品類型との比較では、「生活設計・家計の見直し」「貯蓄」で他の商品類型に比べ高く、「CM、DM」で低い。

　性別にみると、男性で「ライフイベント」が34％と高く、女性で「勧誘」（40％）、「収入増」（18％）が男性に比べ高くなっている。また、女性では「口コミ」も10％と男性に比べ高い。年齢別にみると、40～50歳代では「生活設計・家計の見直し」が高い傾向にあり、50歳以上では「勧誘」も比較的高い。このほか50歳以上で「収入増」も高くなっていることは、退職金などの受け取りが契機となっている可能性を示しているものと思われる。

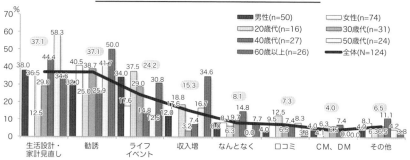

<図表4-25 個人年金加入検討のきっかけ>

3．個人年金保険加入者の加入検討行動　209

3-3. 加入時の検討プロセスと決定要因

加入検討時の行動についてみると、全体では「保障の必要性検討」が33％で最も多く、以下、「商品内容・負担額の検討」（27％）、「会社・商品の比較検討」（23％）、「会社・商品の検索」（22％）の順で続く〈図表4-26〉。性別では男性で「保障の必要性検討」を除く3つの行動すべてで女性に比べ高い。年齢別では30～40歳代で「保障の必要性検討」、「商品内容・負担額の検討」が高い傾向にあり、60歳以上ではすべての行動で全体に比べ実施率が低い。

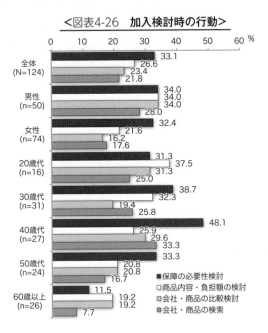

＜図表4-26 加入検討時の行動＞

主要な加入検討のきっかけ別にみると、生活設計・家計の見直しでは、「保障の必要性検討」を除く3つの行動すべてで全体に比べ実施率が高く、ライフイベントで「会社・商品の比較検討」、「会社・商品の検索」が高い〈図表4-27〉。一方、勧誘では、「会社・商品の比較検討」、「会社・商品の検索」の実施率が低くなっていることから、営業職員や金融機関の窓口など売り手からの

勧誘を受けるなかで、他の会社に有利な商品や自身のニーズにあった商品がないか、などの探索行動や比較検討を行わず、売り手の提案内容について吟味するのみで、そのまま加入している様がうかがえる。

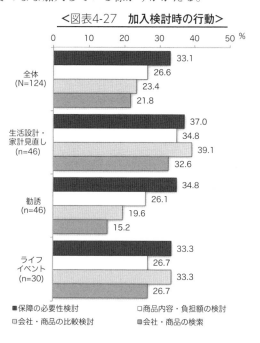
<図表4-27　加入検討時の行動>

その結果、加入の決定要因は、全体では「保険の内容が良い」が28％、「保険料が妥当」が27％と、拮抗している〈図表4-28〉。性別にみると男性で「保険料が妥当」が女性に比べ高く、女性では「営業職員の勧め」が高い。年齢別では、40～50歳代で「対応が的確」が全体に比べ高いなど、年齢層によって決定要因には差異がみられる。また、主要な加入のきっかけ別にみると、生活設計・家計見直しでは「保険料が妥当」が35％で最も多く、全体に比べ高くなっている〈図表4-29〉。勧誘では「営業職員の勧め」が35％で、ライフイベントでは「保険の内容が良い」が43％で、それぞれ最も多く、全体に比べても高くなっている。このように、加入の決定要因は性別や年齢のみならず加入のきっかけによっても異なっている。

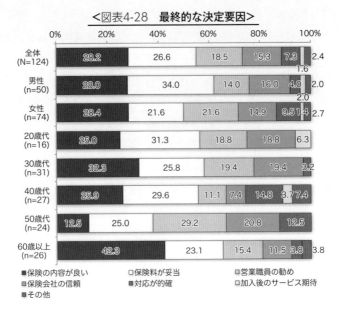

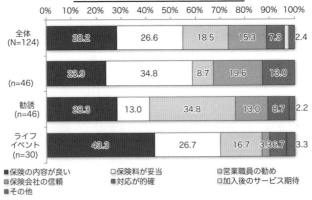

3-4. 保険リテラシーにより異なる検討プロセス

　このように加入検討時の行動に差異が生じている背景には、消費者の保険に関する知識の水準による影響が大きいものと思われる。前章でみた保険リテラシーの程度別に加入のきっかけをみると、中知識層、高知識層では「生活設計・

家計見直し」が最も多くなっているのに対し、低知識層では「勧誘」が35％と「生活設計・家計見直し」（21％）よりも多くなっている〈図表4-30〉。また、「なんとなく」や「口コミ」も中知識層、高知識層に比べ高くなっていることから、低知識層では漠然としたニーズや口コミ、勧誘を契機として、検討を尽くすことなく、商品や会社を選択しているのではないだろうか。一方、中知識層、高知識層でも「勧誘」は低知識層に比べ高くなっているが、「生活設計・家計見直し」のほうが多くなっており、これらの層では勧誘を受けたことを契機として、自身の生活設計や家計の状況を冷静に分析し、加入の要否や加入すべき商品・会社を検討しているものと思われる。

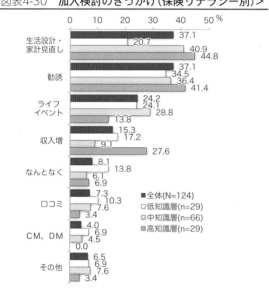

＜図表4-30　加入検討のきっかけ（保険リテラシー別）＞

実際に、保険リテラシーの程度別に加入検討時の行動をみると、高知識層は「保障の必要性検討」「会社・商品の比較検討」「会社・商品の検索」では、低知識層に比べ実施率が高くなっているのに対し、低知識層では「商品内容・負担額の検討」で31％と高知識層（24％）や中知識層（26％）に比べ高い〈図表4-31〉。また、中知識層では「保障の必要性検討」で39％と高知識層（31％）、低知識層（21％）に比べ高くなっている。こうした結果は、低知識層が、十分

な検討をしないまま加入に至っているのに対し、中知識層や高知識層では加入の必要性について検討し、会社・商品間で比較した上で加入しているのではないか、という前述の仮説を裏付けるものとなっているといえよう。

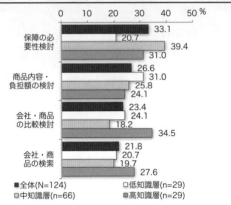

＜図表4-31　加入検討時の行動（保険リテラシー別）＞

このように、個人年金保険についても、加入のきっかけや加入検討時の行動は年齢や保険に関する知識の水準によって異なる傾向にあるようである。

　個人年金保険への加入を検討するきっかけは、世代ごとのライフイベントに対して、消費者がどのような意味を見出しているかにより異なるものと思われる。また、こうしたきっかけや、消費者自身の保険に対するリテラシーの程度により、実際の加入検討時の行動は異なっていた。前章でも示したように、主体的に検討する高知識層ほど、加入後の満足度が高いことと考え合わせれば、消費者の知識水準にあわせて適切な情報提供を通じて知識の底上げを図り、主体的に検討してもらうよう働きかけていくことは個人年金保険の勧誘に際しても重要であるといえよう。また、勧誘にあたっては商品の優位性を強調するだけでなく、保険料の妥当性をどのように訴えていくかについても、あわせて心を砕く必要があるのではないだろうか。

4．店舗チャネル（来店型店舗）を利用する消費者

　本章冒頭にも記したとおり、近年、急速に進んでいる保険の販売チャネル多様化の中で、最も急速に存在感を増しつつあるチャネルは、乗合型の来店型店舗チャネルであろう〈前掲図表4-2〉。近年では、商店街や大型商業施設のなかで、来店型店舗を見かけることも珍しいことではなくなっている。店舗により、また、曜日や時間帯により差はあると思われるものの、数組の消費者がブースに座り相談する姿を見かけることも少なくない。来店型店舗は、保険の相談・加入先として急速に市民権を得つつあるように思われる。

　本節では、このように急拡大している来店型店舗チャネルに焦点をあて、新進のチャネルを利用する消費者の特徴について確認していく。

4-1. 来店型店舗の認知

　はじめに、近年、急速に店舗数を拡大し続けている来店型店舗について、どの程度認知が広がっているかについて、確認しておく。

　定量調査の結果から、来店型店舗の認知度をみると、全体では62％となっている〈図表4-32〉。生命保険の加入の有無別にみると、加入者では67％と非加入者（48％）に比べ認知率が高くなっている。

　認知率を性別にみると、女性で加入者（72％）、非加入者（55％）ともそれぞれ男性（62％、43％）に比べ高い〈図表4-33〉。また、年齢別にみると、加入者では20～30歳代で7割を超えており、30歳代では77％と高くなっている。非加入者では40歳代以下で半数を超えて高い。加入者、非加入右車とも40歳代以上では高齢層ほど認知率が下がっており、非加入者の50歳代以上では4割に満たない。

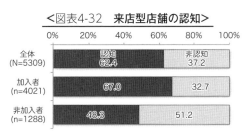

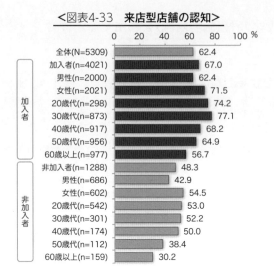

<図表4-33　来店型店舗の認知>

4-2. 来店型店舗の利用状況

 このように、現在では生命保険の加入者では6割超が、非加入者でも約半数が認知している来店型店舗であるが、実際の利用状況はどの程度であり、どのような消費者が利用しているのだろうか。

 直近5年間に生命保険に加入した消費者を対象として、加入検討時の情報源としての来店型店舗の利用状況をみると、全体では8％と1割に満たない〈図表4-34〉。しかし、加入時期別にみると、2008年の5％から徐々に増加し、2011年以降では10％とほぼ倍増していることがわかる。属性別にみると、性別では女性で10％と男性（6％）に比べ高く、年齢別では20～30歳代で1割を超えて40歳代以上に比べ高くなっている〈図表4-35〉。

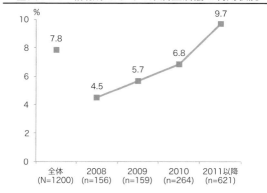

<図表4-34 情報源としての来店型店舗の利用状況>

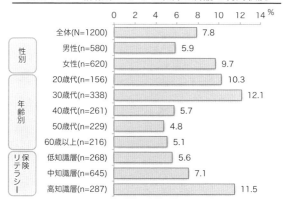

<図表4-35 情報源としての来店型店舗の利用状況>

　情報源としての来店型店舗の利用者の特徴を明らかにするため、保険リテラシー別にみると、低知識層では6％に留まるのに対し、高知識層では12％と高くなっている。また、保険に対する考え方についてみると、「加入先は目的に応じて使い分ける」が79％と全体に比べ19ポイント、「特徴を比較してから加入する」（90％）が17ポイント、「会社や商品の評判が気になる」（43％）が11ポイント、それぞれ全体に比べ高くなっている〈図表4-36〉。その他の項目でもおおむね全体に比べ高く、情報源としての来店型店舗利用者は生命保険に対する関与の度合いが高いことがわかる。

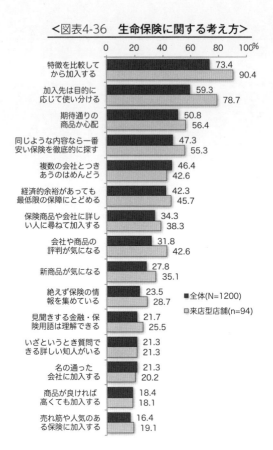

　一方、加入チャネルとしての来店型店舗の利用状況は、全体では8％と、営業職員（42％）、電話・郵送（11％）、インターネット（10％）などに比べ低い割合に留まっている〈図表4-37〉。これを加入時期別にみると、先にみた情報源としての利用状況と同様、5年前（2008年）の5％から2011年以降では10％と、新進のチャネルながら少しずつ存在感を高めてきているさまがみてとれる。この間、「営業職員等」は2008年の45％から2011年以降の39％へ、「電話・郵送」は2008年の15％から2011年以降では10％へと、それぞれ5ポイント程度シェアを下げており、これらのチャネルを利用してきた層が来店型店舗へと流れているものと思われる。

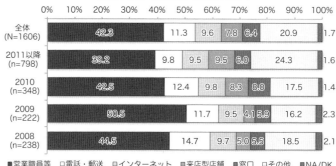

<図表4-37　加入チャネル>

　来店型店舗から消費者が実際にどのような生命保険に加入しているのかについて、商品類型別にみると、「第三分野」が53％で最も多く、「死亡保障」が37％で続いている〈図表4-38〉。これに対して、営業職員からの加入者では「第三分野」が43％、「死亡保障」が35％、郵送では「第三分野」が74％、「死亡保障」が18％となっており、対人チャネルという点では営業職員と同じながら、販売している商品については、消費者のニーズが比較的明確な第三分野にやや偏っているといえよう。

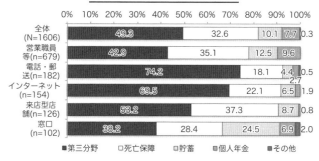

<図表4-38　加入商品類型>

　前章でも触れたように、来店型店舗からの加入者は、保険リテラシーの点でも高知識層に偏っていた〈前掲図表3-13〉。保険に対する考え方についても、情報源としての利用者と同様、高い関与度合いとなっているものと思われる。実際に、加入検討のきっかけ別に加入チャネルをみると、ライフイベント、生

活設計・家計見直しが契機となった層では「来店型店舗」が１割を超えて全体に比べ高くなっており、ライフイベントや生活設計、家計の見直しをきっかけとして生命保険に対する関与が高まり、主体的に加入を検討するなかで、来店型店舗を利用するようになっているものと考えられる〈図表4-39〉。

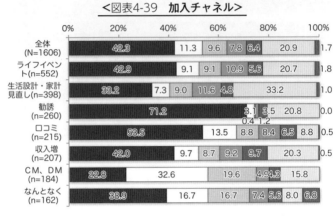

4-3. 来店型店舗の選択理由

　来店型店舗チャネルを利用した消費者のチャネル選択理由についてみると、全体では「応対者が信頼できた」（22％）、「手軽だから」（18％）、「親身に相談にのってくれる」（14％）の順であるのに対し、来店型店舗加入者では、「多くの会社を比較できる」が41％と４割を占め、次いで「情報が豊富に得られる」（29％）、「知りたいことが確実に知れた」（24％）の順となっている〈図表4-40〉。営業職員等と比較すると、来店型店舗の上位３項目および「近くで手続きできる」（20％）、「他商品と窓口を統一できる」、「自分自身で選べるから」（いずれも14％）では、来店型店舗加入者のほうが10ポイント以上高く、逆に「応対者が信頼できた」（15％）、「保険会社が信頼できた」（４％）、「家族、友人等だから」（８％）では10ポイント以上低くなっている。このように、営業職員等からの加入者のチャネル選択理由が「応対者が信頼できた」や「家族、友人等だから」、「親身に相談に乗ってくれる」など、チャネルの人柄や関係性を挙

げているのに対し、来店型店舗加入者では他社比較ができることや、情報の豊富さ、わかりやすさ、入手の確実性といった機能的な側面が上位にあがっており、同じ対面チャネルでもそれぞれのチャネルの性質がまったく異なっていることがわかる。

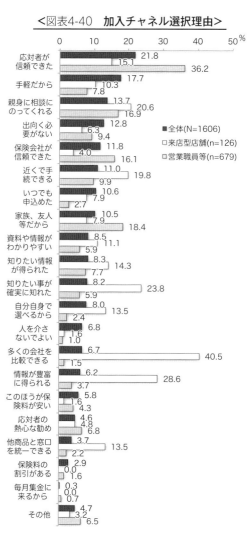

このように、来店型店舗からの加入者にとって店舗の存在は、会社間での商

品比較ができることが最大の効用となっており、実際の比較・検討経験につい
て加入チャネル別にみても、会社・商品の比較検討実施率は60％と、インター
ネット（45％）、電話・郵送（39％）、営業職員等（21％）に比べても突出して
高くなっている〈図表4-41〉。また、会社間比較の有無についてみても、来店
型店舗加入者は48％と、1～2割に留まる他のチャネルからの加入者に比べ
突出して高い。ただし、実際に比較検討した会社数や商品（プラン）数につい
てみると、3.2社、3.9商品と、営業職員等（2.5社、3.1商品）に比べ、やや多
いものの、電話・郵送（4.0社、4.3種類）に比べ少なく、全体（3.2社、3.8商品）
とほぼ同水準に留まっている〈図表4-42〉。

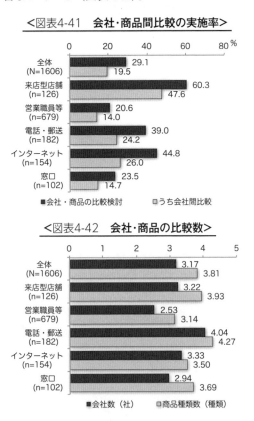

これらの結果から、来店型店舗から加入した消費者は、会社・商品を比較し

たいと考えており、比較検討のために来店型店舗を訪れているものの、実際には、すべての会社や商品をくまなく比較しようとまでは思っていないものと思われる。実際に、フォーカス・グループ・インタビューでも、

- 「営業職員が2つくらいプランを持ってきて説明してくれていたが、ひとつの会社の2つのプランだけから決めるというのは不安だった。（店舗で条件を話して）3社出してもらったなかから決めた」（40代女性）
- 「いつも行くヨーカドーのほうの店でパンフレットを見ていたが、たくさんありすぎてよくわからなかった」（40代女性）

というように、1社だけしか検討しないのは不安だが、あまり比較対象が多くなりすぎても、決められない、といった声が聞かれている。

この背景には、自ら店舗に出向いて生命保険に加入しようという、能動的な消費者であっても、多くの会社の商品を比較し、自分にとっての優劣を判断できるほどには、高度な知識を持ち合わせているわけではない、ということがあるように思われる。

前述のフォーカス・グループ・インタビューでも、

- 「女性はカウンターの向こうにいるので、パンフレットをもらいに入っても攻めてくることはない。少し立ち話をしたが、名前など細かいことは聞かれなかったので、気が楽だった」（40代男性）
- 「いろんな会社の商品を扱っているのでどこが売れても損得なし。一社だけだと売りたい保険を売ってくると思うが、そこは公平」（50代男性）
- 「比較サイトだと、細かく質問したいとき、自分で答えを探さないといけない。でもプロのアドバイザーの人に聞けば即答してもらえる。時間も無駄にならない」（30代女性）

といったように、加入を決めた要因としては、「比較できること」よりも「専門家がしっかり説明してくれること」のほうが影響は大きいようである。

4-4. 今後の動向

これまでみてきたように、来店型店舗チャネルが近年、急速に存在感を増してきた背景には、他社比較ができることや、情報の豊富さ、わかりやすさ、入

手の確実性といった機能的な側面が、主に保険リテラシーが高く生命保険に対して高関与な消費者のニーズにマッチしたことがあるように思われる。

では、来店型店舗は今後、さらにその存在感を増し、生命保険の販売チャネルとしても一般的な存在となっていくのだろうか。

今後、生命保険の加入意向がある消費者を対象に、今後加入を検討する場合に利用したい情報源および加入チャネルとして、来店型店舗をあげる割合をみると、情報源としての利用意向は、全体では15％となっている〈図表4-43〉。性別にみると女性で18％と男性（13％）に比べ高く、年齢別では20～30歳代で2割弱と30歳以上の層に比べ高くなっている。

<図表4-43　今後加入を検討する場合の利用意向>

	情報源	加入チャネル
全体（N=1485）	14.9	9.6
男性（n=763）	12.6	8.0
女性（n=722）	17.5	11.2
20歳代（n=239）	18.8	9.2
30歳代（n=396）	17.9	12.1
40歳代（n=350）	14.9	11.4
50歳代（n=312）	10.6	4.8
60歳以上（n=188）	11.2	9.0

また、今後加入する場合に利用したい加入チャネルでは、来店型店舗は10％となっている。性別では女性で、年齢別では20～30歳代でやや高くなっているものの、全体に大きな差異はみられない。

先にみた、直近加入時の情報源では、2011年以降の加入者でも利用率が10％であったことからすれば、今後は確実に情報源としての利用が広がっていくものと思われる。一方で、加入チャネルについては、2011年以降加入者の利用実態と同水準に留まっており、この結果からみると加入チャネルとしては、これ以上の広がりは難しいようにみえる。

しかし、直近5年以内加入者について、加入チャネル別の満足度およびロイヤルティをみると、来店型店舗からの加入者は満足度が75％と全体（72％）に比べ僅かながら高く、再利用意向は46％と全体（49％）にはやや劣るものの、推奨意向では48％と全体（43％）に比べ高くなっている〈図表4-44〉。このことは、来店型店舗の利用経験者の増加とともに、今後加入を検討する場合に周囲から推奨されて来店型店舗を訪れる消費者が増えていく可能性があることを示している。

　本人の利用意向に加えて、実際の利用経験者から推奨を受ける消費者が増えてくることで、情報源としての位置づけは今後さらに急速に高まっていくことが予想される。加入チャネルとしての増加は、情報源として利用した消費者が、訪問先の店舗やスタッフをどのように評価するかにかかっているといえるだろう。

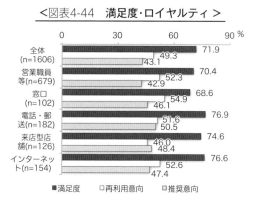

<図表4-44　満足度・ロイヤルティ＞

主要参考文献

1. Crosby, L. A. and Stephens, N.(1987),"Effects of Relationship Marketing on Satisfaction, Retention, and Prices in the Life Insurance Industry" Journal of Marketing Research, XXIV, pp404-411.

2. Heskett, James L. (1995) "Putting the Service Profit Chain to Work." Harvard Business Review (Nov. 1995). Print.

3. J. E. Brisoux, E. J. Cheron (1990) "Brand Categorization and Product Involvement", Advances in Consumer Research Volume 17, pp.101-109.

4. J. R. Hauser, B. Wernerfelt, 1990, "An Evaluation Cost Model of Evoked Sets", Journal of Consumer Research, Vol.16, pp.393-408.

5. John E. Swan and Linda Jones Combs (1976) "Product Performance and Consumer Satisfaction: A New Concept" Journal of Marketing Vol. 40 No. 2 pp.25-33.

6. Oliver, Richard.L.(1980),"A Cognitive Model of the Antecedents and Consequences of Satisfaction Decisions," Journal of Marketing Research, 17(Nov),pp460-469.

7. Srinivas Durvasula, Steven Lysonski, Subhash C. Mehta, Buck Peng Tang (2004) "Forging relationships with services: The antecedents that have an impact on behavioural outcomes in the life insurance industry" Journal of Financial Service Marketing Vol.8No.4 pp.314-326.

8. Tracy Panther, Jillian Dawes Farquhar (2004) "Consumer response to dissatisfaction with financial service providers: An exploration of why some stay while others swith" Journal of Financial Service Marketing Vol.8No.4 pp.343-353.

9. C. Grönroos(2007)"Service Management and Marketing -Customer Management in Service Competition",Wiley; 3 edition(邦訳:近藤宏一監訳(2013)『北欧型サービス志向のマネジメント－競争を生き抜くマーケティングの新潮流－』,ミネルヴァ書房)

10. Lovelock, Christopher H. (1999)"Principles of Service Marketing and Management" Prentice-Hall(邦訳:小宮路雅博監訳(2007)『サービス・マーケティング原理』白桃書房)

11. 青木幸弘 他 (2004)「製品・ブランド戦略－現代のマーケティング戦略<1>」有斐閣アルマ

12. 井上智紀(2000)「インターネットが金融商品の情報探索に与える影響」『生命保険経営』第68巻第5号,pp.19-36

13. 井上智紀(2007)「生命保険加入プロセスにおける考慮集合の形成と満足構造」『ニッセイ基礎研　所報』Vol.46,pp.128-145

14. 井上智紀(2009)「製販分離環境下の生保満足構造モデルの検討」『生命保険経営』第77巻第2号,pp.28-46

15. 井上智紀(2011)「消費者意識からみた来店型販売チャネルの動向」『生命保険経営』第79巻第2号,pp.105-125.

16. 鞍谷日出夫(1998)「サイコグラフィック要因を駆使したプロダクト・セグメンテーション戦

略」『生命保険経営』第66巻第2号,pp.22-43

17. （公財）生命保険文化センター（2012）『平成24年度　生命保険に関する全国実態調査』
18. （公財）生命保険文化センター（2013）『平成25年度　生活保障に関する調査』
19. 嶋口充輝（1994）「顧客満足型マーケティングの構図」,有斐閣
20. 清水聰（1999）『新しい消費者行動』,千倉書房
21. 清水聰（2006）『戦略的消費者行動論』,千倉書房
22. 清水聰（2013）『日本発のマーケティング』,千倉書房
23. 田中敬久（1999）「生命保険商品の顧客満足構造に関する一考察」『生命保険経営』第67巻第1号,pp.17-39
24. 田中洋（2009）『消費者行動論体系』,中央経済社
25. 田村正紀（2002）『金融リテール改革－サービス・マーケティング・アプローチ』,千倉書房
26. 戸谷圭子・西尾チヅル・椿広計（2006）「消費者の価値観とリテール金融商品選好」『マーケティングサイエンス』Vol.14No.2,日本マーケティングサイエンス学会,pp.21-38
27. 戸谷圭子（2006）『リテール金融マーケティング』東洋経済新報社
28. 長井毅（1999）「顧客維持戦略としての人的チャネルの有効性」『生命保険経営』第67巻第5号,pp.20-39
29. 西久保浩二（1996）「金融商品選択の異質性」『生命保険経営』第64巻第5号,pp.43-61
30. 西久保浩二（1999）「金融商品における顧客満足の形成要因と経営的成果」『生命保険経営』第67巻第4号,pp.90-110
31. 西久保浩二（2000）「金融マーケティングにおける顧客満足志向の有効性」,朝野熙彦・木島正明編『金融マーケティング』,朝倉書店,pp199-208.
32. 山下貴子（2011）『金融行動のダイナミクス－少子高齢化と流通革命』,千倉書房
33. 山本昭二（1999）『サービス・クオリティ』,千倉書房

著者

井上　智紀 <small>(いのうえ　ともき)</small>

(株)ニッセイ基礎研究所
生活研究部　准主任研究員
専門は消費者行動、金融マーケティング。

2003年　　　　筑波大学大学院ビジネス科学研究科経営システム科学専攻修了(MBA)

1995年　　　　(公財)生命保険文化センター入社
2004年　　　　(株)ニッセイ基礎研究所　社会研究部門入社
2006年〜　　　同　生活研究部(東洋大学、山梨大学にて非常勤講師を兼務)

生命保険マーケティング　消費者行動論アプローチ

初版年月日　2015 年 11 月 19 日
著者　　　　井上智紀
発行所　　　㈱保険毎日新聞社
　　　　　　〒101-0032 東京都千代田区岩本町 1 － 4 － 7
　　　　　　TEL03-3865-1401（代）／ FAX03-3865-1431
　　　　　　URL http://www.homai.co.jp
発行人　　　真鍋幸充
編集　　　　内田弘毅
デザイン　　中尾　剛（有限会社アズ）
印刷・製本　有限会社アズ

ISBN　978-4-89293-264-9
ⒸTomoki INOUE（2015）
Printed in Japan

本書の内容を無断で転記、転載することを禁じます。
乱丁・落丁はお取り替えいたします。